中国农家书屋的建设与管理实务

杨效军　编著

國家圖書館 出版社

National Library of China Publishing House

图书在版编目(CIP)数据

中国农家书屋的建设与管理实务／杨效军编著. -- 北京：国家图书馆出版社,2017.5

ISBN 978 - 7 - 5013 - 6107 - 6

Ⅰ.①中… Ⅱ.①杨… Ⅲ.①农村图书馆—图书馆工作—研究—中国②农村图书馆—图书馆管理—研究—中国 Ⅳ.①G259.252.3

中国版本图书馆 CIP 数据核字(2017)第 100569 号

书 名	中国农家书屋的建设与管理实务	
著 者	杨效军 编著	
责任编辑	金丽萍	

出 版　国家图书馆出版社(100034　北京市西城区文津街 7 号)
　　　　(原书目文献出版社　北京图书馆出版社)

发 行　010 - 66114536　66126153　66151313　66175620
　　　　66121706(传真)　66126156(门市部)

E-mail　nlcpress@ nlc. cn(邮购)

Website　www. nlcpress. com→投稿中心

经 销　新华书店

印 装　北京鲁汇荣彩印刷有限公司

版 次　2017 年 5 月第 1 版　2017 年 5 月第 1 次印刷

开 本　880 毫米×1230 毫米　1/32

印 张　5.25

字 数　150 千字

书 号　ISBN 978 - 7 - 5013 - 6107 - 6

定 价　48.00 元

序

　　农家书屋工程是社会主义新农村建设的文化工程,也是党中央在"十一五"期间实施的五大文化惠民工程之一,是缩小城乡文化差距、实现公共文化服务均等化、保障农民群众基本文化权益的重要举措,也是提高农民科学文化素质、传播社会主义先进文化的重要平台。工程于2005年在甘肃、贵州等西部地区试点,2007年纳入党和政府的民心工程、德政工程,在全国广大农村全面推开,受到了基层组织和广大农民群众热烈欢迎和积极参与。截至2012年8月底,农家书屋已覆盖全国具备条件的行政村,提前三年完成了"农家书屋村村有"的任务。全国共建成达到统一规定标准的农家书屋600 449家,丰富了农村的文化生活。农家书屋工程建设还带动了社区书屋、职工书屋、农民工书屋、连队书屋的建设。到目前为止,全国基层书屋达到9万多家,缓解了基层群众读书难、看报难的问题。农家书屋工程建设任务的完成标志着覆盖全国农村的新闻出版公共服务体系基本建成,开创了农村文化建设的新局面,受到农民群众的欢迎,成为培育有文化、讲文明、懂技术、会经营的新型农民的有效载体,为社会主义新农村建设提供了精神动力、思想保证和智力支持。

　　但是,在农家书屋的建设实践中,也面临着一些问题,如采购配送的图书资料和乡村对图书的实际需求不能有效地结合,致使借阅率不高;资金短缺致使服务运行艰难;缺乏行之有效的考核机制和政策评估体系,持续效果和发展的长久生命力还难以保证等。这些问题都需要认真研究加以解决。本书作者结合多年来从事图书馆工作的实践,从农家书屋管理的最基础的知识谈起,立足于农家书屋管理的实际,对农家书屋建设必备的条件、管理员必备的常识、农家书屋的业务工作、农家书屋的现状与未来发展进行了比较深入的研究。

在本书即将出版之际，中共中央办公厅、国务院办公厅《关于加快构建现代公共文化服务体系的意见》正式出台，《意见》明确提出要促进城乡基本公共文化服务均等化，把城乡基本公共文化服务均等化纳入国民经济和社会发展总体规划及城乡规划，要拓展重大文化惠民项目服务"三农"内容，完善农家书屋出版物补充更新工作。以县级文化馆、图书馆为中心推进总分馆制建设，加强对农家书屋的统筹管理，实现农村、城市社区公共文化服务资源整合和互联互通。这无疑为农家书屋的可持续发展提供了明确的思路和方向。因此，作为文化工作者，我们应紧紧抓住时代赋予的良好机遇，锐意进取，开拓创新，使文化惠民工程蕴涵的价值得以充分体现和利用。希望在党和政府重视和关怀下，在文化工作者的共同努力下，社会各界关心农家书屋的建设与发展，继续深化对农家书屋建设的理论研究与实践探索，使我国的农家书屋建设越来越好。

杨效军

2017 年 3 月 27 日

目　　录

第一章 农家书屋的由来及发展

第一节 农家书屋及农家书屋工程发展背景

农家书屋是为满足农民文化需要,在行政村建立的、农民自己管理的、能提供农民实用的书报刊和音像电子产品阅读视听条件的公益性文化服务设施。每一个农家书屋原则上可供借阅的实用图书不少于1500册,报刊不少于30种,电子音像制品不少于100种(张),具备条件的地区,可增加一定比例的网络图书、网络报纸、网络期刊等出版物。

农家书屋工程由新闻出版总署负责实施,是为解决农民群众"买书难、看书难、借书难"问题的惠民工程。加大政府对新农村文化建设的投入,充分调动社会各方面力量,大力发展社会主义先进文化,保障农民群众最基本的文化权益,推动农村经济社会发展和社会主义和谐社会的建设。农家书屋工程按照"政府组织建设,鼓励社会捐助,农民自主管理,创新机制发展"的思路组织实施,把各部门、各地区在农村文化建设中的类似项目结合起来,相互补充,同步推进,实现资源整合。同时,广泛动员社会力量参与,鼓励国内外各界采用多种形式、多种渠道进行捐助,农家书屋建立之后,将按照农民自主管理、自我服务的模式进行管理和运行,具备条件的书屋,政府将鼓励支持其开展出版物经营活动,通过经营收入进一步支持农家书屋的良性发展。工程计划"十一五"期间在全国建立20万家农家书屋,到2015年基本覆盖全国的行政村。

当今的中国,经济、政治、科技、文化、军事等方面都取得了巨大的发展和跨越,但我国仍然是个农业大国,农民的人数仍占国民总数的大多数。因而,从某种意义上说,农民问题就是中国的主要问题、重大问题之一。但是,由于历史的原因,也由于经济、观念、自然环境、客观条件等的限制,我国农民文化水平普遍不高。伴随着农业现代化的逐步实现和社会主义新农村建设的不断深入,增加农民知识、提高农民信息便显得越来越重要。

我国农村地区的落后,根本原因在于广大农民整体素质不高,生产力发展受到了制约。进一步分析,农民素质不高是由于教育事业和信息服务落后的缘故,因此,要改变农村的经济社会面貌,必须在公共信息服务方面实现突破,让农民自由、平等地获取、利用信息资源,通过信息公平推进社会公平。知识贫困和信息匮乏对农民的生产、生活影响巨大,信息资源分配的不平衡、不对等带来的不仅是实际利益的不平等,更有心理感受上的不公平,最终会影响社会发展。因此政府应该坚持平等、开放、共享的原则,保障农民的信息权。

"求知是人类的本性",农民希望平等获取信息资源,并以此为基点来追求物质生活和精神境界的提升,这一点与城市居民并无区别。城乡信息鸿沟从本质上分析属于社会不公正问题,不解决不同地区、组织、人群之间的信息落差,社会公正的目标就无从实现。从政治学的角度来分析,信息权作为现代公民的一项基本权利是不容忽视的,它是其他政治、经济权利实现的基础。在信息权得不到保障的情况下,很难设想农民的生存、发展情况可以得到改善,因此政府应该坚持利益普惠原则,设法将公共信息服务延伸到农村地区。基于农民文化生活出现的各种问题,农家书屋工程的提出也逐步被纳入日程。

2005 年国家新闻出版总署提出建立农家书屋等农民自助读书组织的工作设想,并在甘肃、贵州等西部地区进行试点。2005 年 12 月 17 日,经过认真筹备,首批 15 家农家书屋在甘肃兰州、定西、天水等地正式挂牌启动。

2006 年 2 月 24 日,中共中央政治局委员、中央书记处书记、中央宣传部部长刘云山同志在《舆情摘报》第 35 期上,对甘肃省实施农家书屋工程情况做了重要批示:"农家书屋可作为'十一五'文化建设的一项工程。"

2006 年 3 月起新闻出版总署落实云山同志批示精神,对甘肃、福建等省农村图书室建设情况进行调研,在调研的基础上初步提出农家书屋工程的基本原则和建设思路。

2006 年上半年起甘肃、贵州、江苏、北京、四川等省市开始实施农家书屋工程试点建设。2006 年 7 月 18 日至 19 日新闻出版总署在甘肃兰州召开"全国新闻出版服务社会主义新农村建设工作座谈会",会议对新闻出版服务新农村建设做了工作部署,着重强调要以农家书屋工程建设为契机,建立和完善服务"三农"出版物出版发行工作平台。会上,甘肃、贵州、江苏、四川、北京等省市新闻出版局代表就农家书屋工程建设情况做了交流。会议分组对《农家书屋工程实施意见》进行了讨论。

2006 年 9 月国家新闻出版总署农家书屋工程建设领导小组成立,负责指导、协调农家书屋工程建设。

2006 年中央下发《国家"十一五"时期文化发展规划纲要》,提出要按照"政府资助建设,鼓励社会捐助,农民自我管理,市场运作发展"的要求,支持农民群众开办农家书屋。

2007 年 3 月 13 日总署会同中央文明办、国家发展改革委、科技部、民政部、财政部、农业部、国家人口计生委联合下发《农家书屋工程实施意见》,对农家书屋工程建设的指导思想、主要目标、总体思路、组织领导、实施方式、建设要求等做出了明确的阐述和说明,成为指导实施农家书屋工程的纲领性文件,极大地推动了全国农家书屋工程建设的开展。

2007 年 3 月 17 日温家宝总理代表国务院在第十届全国人大五次会议上做政府工作报告,报告特别指出:"着眼于满足人民群众文化需求,保障人民文化权益,逐步建立覆盖全社会的公共文化服务体系。突出抓好广播电视村村通工程、社区和乡镇综合文化站建设工程、全国文化信息资源共享工程、农村电影放映工程、农家书屋工程。"农家书屋工程被正式写入政府工作报告。

2007 年 4 月农家书屋工程推荐目录编订完成,登录推荐图书4400 余种。2007 年 6 月 16 日中央政治局召开会议,研究加强公共文化服务体系建设。会议强调要大力加强重大公益性文化工程建设,认真组织实施广播电视村村通、全国文化信息资源共享、乡镇综合文化站和基层文化阵地建设、农村电影放映、农家书屋建设等公共文化服务工程。

2007年6月20日总署印发《关于做好农家书屋工程规划编制工作的通知》,启动了农家书屋工程规划编制工作。

2007年6月对新闻出版总署农家书屋工程建设领导小组成员进行调整。

2007年7月12日《中国新闻出版报·农家书屋专刊》正式创刊。

2007年8月21日中共中央办公厅、国务院办公厅印发了《关于加强公共文化服务体系建设的若干意见》(中办发〔2007〕21号),把农家书屋工程列入国家重点实施的五项重大公共文化服务工程,明确了要按照政府资助建设、鼓励社会捐助、农民自我管理的要求,与农村基层组织活动场所建设等相结合,稳步推进农家书屋工程建设。明确提出到2010年建成农家书屋20万个,2015年基本覆盖每个行政村。

截至2011年底,我国已建成农家书屋30多万家,2012年农家书屋已基本覆盖全国所有的行政村。

第二节　农家书屋建设管理暂行办法

《农家书屋建设管理暂行办法》

前　言

各省、自治区、直辖市新闻出版局,新疆生产建设兵团新闻出版局:

为进一步加强农村公共文化服务体系建设,规范农家书屋工程建设和管理,切实保障广大农民群众的基本文化权益,根据新闻出版总署等八部委《关于印发〈"农家书屋"工程实施意见〉的通知》精神,受中央八部委的委托,新闻出版总署制定了《农家书屋工程建设管理暂行办法》。

现将《农家书屋工程建设管理暂行办法》印发给你们,请按要求组织实施好农家书屋工程建设和管理工作。

二○○八年七月二十一日

第一章 总 则

第一条 为进一步加强农村公共文化服务体系建设,规范农家书屋工程建设和管理,切实保障广大农民群众的基本文化权益,根据新闻出版总署等八部委印发的《"农家书屋"工程实施意见》,制定本办法。

第二条 本办法所称农家书屋是为满足农民文化需求,建在行政村且具有一定数量的图书、报刊、电子音像制品和相应阅读、播放条件,由农民自主管理、自我服务的公益性文化场所。

第三条 农家书屋工程按照"政府组织建设,鼓励社会捐助,农民自主管理,创新机制发展"的原则组织实施。

第四条 本办法适用于政府投入和社会捐助建设的各类农家书屋。

第二章 实施部门及职责

第五条 新闻出版总署负责制定全国农家书屋工程总体建设规划和年度实施计划;制定农家书屋建设标准;会同财政部编制中央财政专项资金预算和分配方案;编制全国农家书屋必备出版物目录及出版物推荐目录;指导和协调全国农家书屋工程建设;履行监督检查职责。

第六条 省级新闻出版行政部门负责编制本地区农家书屋工程建设规划和年度实施计划;编制本地区农家书屋出版物推荐目录;负责农家书屋工程专项资金申请和使用管理;组织本地区农家书屋工程的实施及验收检查。

第七条 省级以下新闻出版行政部门根据本地区农家书屋工程实施计划,会同县、乡政府负责农家书屋工程建设和管理工作。

第三章 建设标准与要求

第八条　农家书屋的出版物由政府统一配备,每个书屋图书一般不少于1500册,品种不少于500种(含必备书目),报刊不少于30种,电子音像制品不少于100种(张),并具备满足出版物陈列、借阅、管理的基本条件。

第九条　农家书屋的房屋由当地解决,应充分利用村委会、村党组织活动场所、村文化活动中心等公共设施,不搞重复建设。目前尚无公共设施的行政村,亦可利用村级学校、村民闲置住房等农村现有设施办书屋,因地制宜,综合使用,方便群众。

第十条　各级新闻出版行政部门应加强与各有关部门的协调配合,将各级各类送书下乡项目纳入农家书屋工程建设总体规划,在保持原有名称和渠道的基础上,不断补充出版物,完善管理,实现资源共享。

第四章　实施计划申报与制定

第十一条　新闻出版总署根据财政部核定的农家书屋工程专项资金预算,下达各省(自治区、直辖市)年度农家书屋建设数量。

第十二条　省级新闻出版行政部门根据下达的年度农家书屋建设数量,组织制定本地区农家书屋工程年度实施计划。

(一)由村委会填制《农家书屋建设申报表》,当地乡(镇)政府审核同意后向县级新闻出版行政部门申报。

(二)县级新闻出版行政部门经实地考察审核,向市(地)级新闻出版行政部门推荐定点村;市(地)级新闻出版行政部门复审后,将复审意见及申报材料报省级新闻出版行政部门。

(三)省级新闻出版行政部门对复审意见及申报材料进行审查,依据本地配套资金落实情况编制本地区农家书屋工程年度实施计划,报新闻出版总署农家书屋工程建设领导小组办公室。

第十三条　新闻出版总署对各省(自治区、直辖市)实施计划和配套资金进行审核,制定全国农家书屋工程年度实施计划。

第五章　社会捐赠管理

第十四条　农家书屋工程接受境内外自然人、法人或其他组织捐赠的资金以及适合农家书屋需要的出版物和相关设备等。

第十五条　新闻出版总署委托中国光华科技基金会设立农家书屋工程发展基金,接受社会捐赠;省级新闻出版行政部门可委托有关公益性社会团体或公益性非营利的事业单位接受社会捐赠;农家书屋作为受益人,可直接接受社会捐赠。

第十六条　农家书屋工程发展基金或省级新闻出版行政部门委托的受赠单位接受捐赠后,应当向捐赠人出具合法、有效的凭据,并将捐赠财产登记造册,妥善保管。

第十七条　市、县级新闻出版行政部门可受理捐赠人向本地农家书屋捐赠的出版物和相关设备,并应进行登记备案,向捐赠人开具相关证明。新闻出版行政部门应对受赠的出版物进行审读后配送到农家书屋,设备可直接配送到农家书屋。

第十八条　鼓励捐赠人认建农家书屋,即按照农家书屋建设标准和出版物选配原则包建一个或几个农家书屋,验收合格后可在"农家书屋"统一标牌上加注援建人名或单位名称,相关资料纳入全国农家书屋工程信息管理系统。

第十九条　新闻出版总署及省级新闻出版行政部门应向社会公布捐赠的途径、程序和联系方式。

第二十条　农家书屋工程发展基金或省级新闻出版行政部门委托的受赠单位对所接受的捐赠财物进行统一管理,在新闻出版总署或省级新闻出版行政部门指导下纳入建设资金,统筹安排使用。对捐赠人指定捐赠财物用途的,应当按照捐赠人意愿使用。

第二十一条　各级新闻出版行政部门对所受理的捐赠出版物和相关设备统筹安排使用,对捐赠人指定用途的,应当按照捐赠人意愿安排使用。

第二十二条　各级新闻出版行政部门和受赠单位应建立健全社会捐赠财物的核算、使用、管理制度,做到公开透明,并接受上级主管部门和审计、监察等部门的监督。

第二十三条　政府有关部门对农家书屋工程的捐赠人要进行表彰和奖励。捐建一个以上农家书屋或捐资 2 万元以上,使用该捐赠建立的农家书屋可用捐赠人冠名,永久纪念;包建一个乡、一个县的农家书屋者除冠名之外,还可通报表彰或奖励。

第二十四条 省级农家书屋工程办公室应于每年2月底前将本地区上一年度农家书屋工程社会捐赠情况报送新闻出版总署农家书屋工程建设领导小组办公室备案。

第六章 出版物选配

第二十五条 农家书屋要按照科学性、实用性、经济性、通俗性的原则,根据村民的阅读需要,配备一定数量的党报党刊和适合农民阅读的政治、经济、科技、法律、卫生、文艺、文化教育、少儿类等出版物。所配出版物首先要保证必备目录规定的出版物,其余必须是全国或本省推荐目录中的出版物,超过1500册的部分可以灵活掌握。

第二十六条 全国农家书屋必备出版物目录和出版物推荐目录由新闻出版总署约请专家、学者、农民代表共同制定。省级新闻出版行政部门根据新闻出版总署制定的推荐目录,可增加适合本地实际的出版物,报经新闻出版总署备案后,作为本辖区农家书屋配备出版物的备选目录。

第二十七条 农家书屋选配出版物,要充分征求村民意见,政府采购部分不得用当地出版且不受农民欢迎的出版物充数。农家书屋所配出版物中,本省(自治区、直辖市)出版物比例一般不超过30%,且必须在备案的目录内。

第二十八条 农家书屋出版物的采购及配送由省级新闻出版行政部门按照政府采购的有关规定统一组织实施。

第二十九条 配送单位应在出版物上统一加盖农家书屋标识印章,交接时应向农家书屋提供出版物配送清单,由相关接收人清点验收,登记造册,做到手续完备、账目清楚。

第七章 农家书屋管理

第三十条 农家书屋的管理接受所在村党支部、村委会及全体村民的监督。

第三十一条 农家书屋应配有具备一定文化水平和管理能力、热心公益事业的专职或兼职管理人员。农家书屋管理人员应由村民民主推荐产生,并报当地新闻出版行政部门备案。

第三十二条　农家书屋应悬挂统一标牌,公开管理制度和借阅制度,保证固定的开放时间,实行免费借阅,尽力为村民服务。

第三十三条　农家书屋应建立健全出版物借阅登记、财产管理等制度,避免财产丢失、损坏、擅自转让或出售等现象的发生。

第三十四条　农家书屋应利用自身优势,大力开展读书征文、知识讲座、科技培训等形式多样的读书学习活动,不断丰富服务手段,拓宽服务范围,充分发挥农家书屋的作用。

第三十五条　新闻出版行政部门应定期对农家书屋管理员进行相关业务知识的培训,配发管理员手册,帮助他们提高管理能力。

第三十六条　新闻出版行政部门应结合当地实际,积极探索发挥农家书屋优势和作用的长效运行机制。

(一)有条件的地区应以农家书屋为基础,与现有的县乡图书馆、县新华书店联动,建立图书流动网络,在所有权不变的前提下实行出版物交流制度,扩大农民的阅读范围。

(二)探索建立机关、企事业单位、学校、个人等与农家书屋对口定点帮扶机制,解决出版物的不断更新问题。

(三)对于具备一定经营条件的农家书屋,可由新闻出版行政部门授予出版物经营许可证,开展出版物经营、代销、租赁等业务,增强农家书屋的自我发展能力。

第八章　验收与检查

第三十七条　农家书屋建成后,省级新闻出版行政部门应按照新闻出版总署制定的验收标准组织逐一验收。验收内容为农家书屋房舍、配备的出版物和基本设备情况、管理制度制定和公示情况、管理员人选情况等。

第三十八条　验收结果分为达标和不达标两类。验收达标的书屋,建设工程结案,相关资料纳入农家书屋工程信息管理系统;验收不达标的书屋,应由实施部门按照有关标准继续建设,完工后重新进行验收。

第三十九条 新闻出版总署组织督导组,对各地农家书屋工程建设情况进行督查;省级及市(地)级新闻出版行政部门组织力量对本地区农家书屋建设管理情况进行日常检查督导。检查内容为工程建设、管理制度的制定及落实情况、日常服务开展情况等,检查方式采取日常检查、专项检查、互查与抽查相结合。

第四十条 检查结果分为优秀、合格、不合格三个等级,检查结果及评估意见存入档案。对检查不合格的农家书屋,必须按照要求有针对性地进行整改。

第四十一条 省级新闻出版行政部门应于每年1月底前将本地区上一年度农家书屋工程建设情况和验收检查情况报新闻出版总署备案。

第四十二条 对于在农家书屋工程建设和管理中存在严重问题的地区,视情况对该地区新闻出版行政部门给予通报批评,相应核减或停止拨付该地区下一年度中央财政专项资金。

第八章 附则

第四十三条 农家书屋工程专项资金管理按照《农家书屋工程专项资金管理暂行办法》(另行印发)执行。

第四十四条 本办法由新闻出版总署负责解释。

第四十五条 本办法自印发之日起执行。

第三节 农家书屋建设工程的作用和意义

一、农家书屋工程建设的重要性

农家书屋是国家"十一五"期间实施的重点文化工程,"农家书屋"的广泛建立使农村公共文化能更好地为农民服务,进而缩小与城市之间的差距,其不仅是建设小康社会的主要方针,同样也是科学发展观的基本要求。在新形势下,大力发展农家书屋事业是推进社会主义新农村建设取得进展的重要标志,也是把新农村建设不断推向前进的基本保证。发展和普及农家书屋事业不仅仅是文化建设的需要，更是经济发展的必然产物，是农村精神文明的重要标志。具体来说，主要体现在以下两个方面：

第一，农村图书馆能丰富农民的业余生活，是农民休闲娱乐的场所。农村图书馆承担着传播文化知识，弘扬科学精神，倡导社会读书，传播情报信息，提高农民科学文化素养，不断满足农民日益增长的文化需求的职能。由于农村图书馆深入基层，贴近人民群众的文化生活，所以深受农民的欢迎。农村图书馆便利快捷的借阅优势和地域亲和力更容易被广大农民群众接受和喜爱。农村图书馆藏书多样且丰富易懂，服务方便而又灵活，就像农村里的小卖部一样，能满足农民的求知致富、日常生活、学习、工作的需要，也能满足农民的消遣、休闲、娱乐的需要，农民可以从中及时了解时事、政策、法规，从而达到开阔视野、提高生活质量的目的。同时，还可以帮助农民获取农业科技、生产、经营、销售信息，摆脱文盲愚昧，并能深入持久地引导农民群众自觉自愿学习文化知识，用社会主义的思想和文化来武装自己，增强法制观念，接受现代科学技术去生产经营，去发家致富。

第二，农村图书馆是提高每个公民素质的场所，是塑造美好心灵的大学校，农村图书馆通过倡导读书学习，可使人树立积极向上的价值趋向。通过长期的学习，人们的道德情操可以得到熏陶和培养，人们的心灵可以得到陶冶和美化，人们的文化素质和思想品位可以得到提高，人们的精神境界可以产生新的飞跃。现在有很多农民在做完农活后，都要赶到村里的农家书屋去读书学习。现在农民喜欢看的书不再是武侠小说、言情小说，而是以经济类、历史类和文学名著类的图书为主。通过农家书屋，激发了农民读者强烈的阅读兴趣，农民的文化程度逐渐提高，文化需求也越来越强烈。

农家书屋的建立不仅满足基层群众精神文化的需要，也大大提升了群众对获取知识的热情，从而推动了农村的发展，形成文化建设资金对当地经济发展和公共文化服务体系建设，起到了多方面的拉动和推动的作用，具有长远的战略意义。

二、农家书屋在新农村建设中的作用

社会主义新农村建设是指在社会主义制度下,按照新时代的要求,对农村进行经济、政治、文化和社会等方面的建设,最终实现把农村建设成为经济繁荣、设施完善、环境优美、文明和谐的社会主义新农村的目标。2005 年 10 月,中国共产党十六届五中全会通过《"十一五"规划纲要建议》,提出要按照"生产发展、生活宽裕、乡风文明、村容整洁、管理民主"的要求,扎实推进社会主义新农村建设。其中,社会主义新农村的文化建设,主要指在加强农村公共文化建设的基础上,开展多种形式的、体现农村地方特色的群众文化活动,丰富农民群众的精神文化生活。由此可见,农家书屋其实就是开展社会主义新农村文化建设的具体形式之一。

我国是农业大国,农民文化素质相对较低。农家书屋作为农村文化建设的一项工程,是全面建设小康社会的要求,是树立和落实科学发展观、构建社会主义和谐社会的重要内容,也是建设社会主义新农村、满足广大农民多层次多方面精神文化需求的有效途径。农家书屋具有覆盖面广,受益者众多等优势。作为国家进一步加强农村公共文化服务体系建设,改善农村落后的文化基础设施的一项利民工程,农家书屋对于促进农村经济发展和社会进步,实现农村物质文明、政治文明和精神文明的协调发展具有重大意义。主要体现在以下几个方面:

1.有利于缩小城乡差距,促进农村信息化建设

在现代社会中,信息是社会、经济和科技发展的重要基础。在高速发展的信息时代,信息化作为一个新时代的起点,改变了人类社会的生产结构、生产关系和生活方式等方方面面。因此,对信息资源的开发和利用水平已经成为一个国家综合国力的重要标志。

2002 年,国际图书馆协会联合会通过了《因特网宣言》,其中强调了图书馆的网络服务功能:"全球因特网使全世界的所有个人和社区,不论是最小和最偏远的村庄,还是最大的城市,都拥有了平等机会去

获取信息。"由此可见,图书馆作为一种信息服务机构,它的存在也为需要获取信息的人们提供了方便、指导和帮助。对于消除数字鸿沟,该宣言提到:"图书馆和信息服务机构同时也有责任服务于社区所有成员,不受到年龄、种族、宗教、国籍、文化、政治派别、身体的或其他残障、性别或性别取向或其他任何状况的影响。"

2003 年年底,在召开的"信息社会首脑会议"上,欧洲委员会部长理事会发表了一份给会议的政治声明,其中称"我们相信,公平获得信息是可持续发展的必要因素。在一个以信息为基础的世界,信息必然被视为人类平衡发展的一项基本资源,每个人都能够取得"。"我们同意,应该在图书馆、教育机构、公共行政机构或其他公共场所设立接入点,让公民可以廉价或免费接入因特网,并有足够能力向使用者提供协助。我们将使公共图书馆适合数字时代的需要。"

目前,在我国广大农村地区,农家书屋作为新形式的农村图书馆,可以利用自身优势信息资源服务于农村信息化建设,并通过因特网的接入端口,使农村和外界信息世界相联系。因此,农家书屋会对缩小城乡"数字鸿沟"发挥重要的作用。

2. 丰富农民文化生活,促进新农村精神文明建设

人类社会正在步入一个知识快速增长的时代。在 19 世纪初,人类的知识还以每 50 年翻一番的速度增长。但到了 20 世纪初,这一速度变成每 10 年翻一番。20 世纪 80 年代,人类的知识每三年翻一番。而到 20 世纪末,人类文明发展的前 4900 年所积累的文献资料,还没有现在 1 年的文献资料多。进入 21 世纪,知识老化速度不断加快,知识在经济、社会乃至整个人类生活中所起的作用越来越大。因此,为了适应社会,胜任自己的工作,人们延长了自己的学习时间,也有人提出了"终身学习"的口号。

在新时期,加强新农村文化建设是全面建设小康社会的内在要求。农村的精神文明建设对于农村和谐社会建设与经济发展起到举足轻重的作用。作为新形式农村图书馆的农家书屋是农民读书学文化的最方便地方,是宣传社会主义文化的重要阵地,也是宣传党和国

家政策方针、法律法规和社会风尚的重要场所。

农家书屋具有较丰富的信息资源,通过以正确的舆论引导人,以高尚的精神塑造人,以优秀的作品鼓舞人,引导农民群众和农村青少年多读书、读好书,强化农民的道德意识和法制观念,使农民在自律和他律中规范自己的行为,自觉维护农村的稳定,成为农村精神文明建设的智力保证。

(1)农家书屋能够改善农民的读书条件,有利于培养新型农民

从现实情况看,农村的公共图书馆服务是农村文化事业最薄弱的环节,农民看书难、买书难、借书难的问题相当突出,广大农民迫切需要依靠科学文化知识改变命运。因此,农家书屋要建在最基层,并且免费为农民提供看书读报的条件,从而拉近科学文化知识与农民的距离,使广大农民群众足不出村就可以了解到很多新的文化科学知识。由此可见,农家书屋工程可以解决农民看书难、借书难的问题,是培养新型农民、建设新农村的重要途径。

新型农民是相对于传统农民而言。中国是一个农业大国,自给自足的生产方式,日出而作、日落而息的生存方式,养成了中国农民这样一些特点:勤劳、朴实、忍辱负重、逆来顺受、保守与短视、拒绝冒险,散漫、缺乏组织性等,这与市场经济、与现代化是格格不入的。因此,改变传统落后的观念,培养新型农民就显得尤为重要。在尚未建立农家书屋的乡村,农民群众都希望尽快把农家书屋建起来并长期坚持下去;已建有农家书屋地方的村民,也希望农家书屋能更多地补充更新图书,让他们掌握文化科学知识,帮助他们早日脱贫致富。一代"有文化、有技术、懂经营、守法纪、讲文明"的新型农民,有望在农家书屋的书香熏陶下苗壮成长。

(2)农家书屋有利于满足农民群众的文化生活需求

书籍、报刊、电影、电视是满足农民群众精神文化需求的重要载体,对农民群众思想观念、道德情操和科学文化素质有着潜移默化的影响,同时也是农民群众应当享有的基本文化权益。农家书屋能为农民提供优秀的影视作品和各种文学作品,以先进文化占领农村思想阵

地,改造落后文化,抵制腐朽文化,满足广大农民文化生活的需求。农家书屋如同村民共有的书房,为广大农村带来了书香气息,提升了农民的文化生活品位,把农民由牌桌、麻将桌拉向了书桌,有力地推动了文明村风建设。

可以说,农家书屋工程的实施是现阶段政府以最少的投入,改变农村文化生活面貌,破解农村文化"四难"问题的重要举措,为新时期农村文化建设找到一个突破口。在农家书屋的实施过程中,这种成功例子有许多。江苏省杨舍镇南庄村农家书屋位于杨舍镇南城农民集中居住区,小区占地面积2.226平方公里,有600多农户,3000余人,小区内绿树成荫,鸟语花香,河道贯穿流通,极具江南水乡特色。2007年建成了村农家书屋,平均日接待读者和观众达80人次以上,取得了十分显著的社会效益,极大地丰富了社区居民的文化生活,真正成为"书迷的大书房、戏迷的小乐园"。

南庄村农家书屋坚持"读者至上、服务第一"的宗旨和全心全意为小区农民服务的理念,注重农家书屋长效管理和管理员队伍建设,制定并出台了农家书屋各功能室的管理制度和管理职责,添置了涉及农业、农民、农村"三农"有关的图书,现有图书22大类1万余册,同时还以每年不低于50%的量进行更新。在共享工程建设上,还专门设立了信息查阅室,配备电脑8台,与市图书馆实行了图书借阅、资源共享对接,免费向村民开放,同时改扩建了文化资源播放室,面积100余平方米,可同时容纳100人观看。面向社会公开招聘了3名大学生村干部为管理员,尽可能地根据各自的特长和优势,做到人尽其才,各司其职。注重再培养和再教育,积极安排他们参加管理员培训班学习,为农家书屋管好、用好打下基础。南庄村农家书屋自开放以来一直实行全免费、全开放式的借阅管理模式,通过多类型、多层次的服务方式,为读者提供便捷、高效、优质的服务。

(3)农家书屋有利于提高农民素质和文化教育水平

实施可持续发展战略,关键在教育。教育就是利用各种知识信息资源,使人们的知识和技能不断得到更新、补充和提高。教育是实现观念更新、知识更新的重要手段,有助于提高农民的综合素质。农村地区由于教育水平低,打架斗殴现象较为严重,并且在目前我国的犯罪人口中,农村人口占到了相当大的比例(包括打工在外人口)。因此,农家书屋里丰富的信息资源对提高农民综合素质,实现农村奔小康目标有很大的推动作用。

3. 促进农业科技扎根农村和科技兴农

我国各级政府一直以来高度重视送文化、科技、卫生"三下乡",时常开展此类活动。但这些活动往往是"一阵风式"的,无法实现经常化,表面上热热闹闹,实际上效果甚微,没有从根本上解决让农业科技扎根农村的问题。在我国农村地区传统的耕种理念中,只要在干旱时浇水,缺肥时补肥,庄稼就能有好的收成。然而,对于增施何种肥料却没有明确的认识。农业专家解释,错误的施肥,也是延误对于农作物生长需求元素的供给。然而,在许多地区农家书屋建成之后,大量农民通过阅读农家书屋配有的各类农业科技类图书,把农业科技知识运用到日常生活中,解决了生产活动中的很多技术问题。

农家书屋开展的图书借阅也转变了农民的思想观念。过去不少地方农民思想保守,习惯于种植传统的粮食作物。农家书屋建立后,一些科技示范户和具有初等文化知识的农民可以方便地到农家书屋借书,从农业科技图书中得到启发,掌握先进的种养殖技术,如建立蔬菜大棚等,从原来传统的农业生产走向依靠科学技术发家致富的道路。例如,在吉林省双辽市卧虎镇农家书屋,随着各地春耕一天天临近,越来越多的农民来到农家书屋取"春耕经",很多人也把农家书屋称为备耕"参谋部"。在卧虎镇农家书屋,前来"取经"的农民关注最多的就是如何应对春旱、选择什么样的种子、如何科学施肥等备春耕的问题,在这里,一些农民相互交流备耕的经验,很多人都随身带了一个笔记本,记录着相关的知识。对在书上查不到的问题,管理员就把它们汇总起来,等县里的科技备耕服务组下乡时统一向专家咨询。

4. 保障农民权利,维护社会公平

农家书屋建设还是保证农村居民权利,保障社会公平,构建和谐社会的重要举措。农家书屋建设是实现城乡基本公共服务均等化的需要。公共文化服务是政府提供的以保障公民的基本文化权益、满足公民基本文化需求为目的的文化服务。目前我国公共文化服务体系城乡差距较大，众多的公共服务在农村和城市之间明显失衡。合理配置公共文化资源，尽快提升农村基本公共服务，积极推进城乡基本公共服务均等化，既是统筹城乡发展的内在要求，也是新阶段扎实推进社会主义新农村建设的重点所在。在基本公共服务均等化理念下，公共文化服务体系建设重心"沉"入农村是必然的趋势。农家书屋工程，正是政府提供的文化服务加速向农村、向"文化洼地"集聚的重大创新，是保障农民具有公平的阅读权利，维护社会公平的典型之举。

5. 农家书屋能更好地为留守儿童提供服务

农家书屋处于农村之中，不但具有学习资源上的优势，更具有地域方面的优势，是农村留守儿童健康成长的重要基地，是农村学校的有益补充，在农村留守儿童健康成长中具有其他机构所无法替代的优势。

首先，农家书屋具有显著的资源优势、在留守儿童成长过程中，文化信息资源是最重要的学习资源。与农村小学资料相比，农家书屋图书资料形式多样，内容丰富，集知识性、趣味性、娱乐性于一体，既有纸质载体的图书、报刊，还有非纸质载体的音像电子产品等多种载体形式的文献资料，特别是中国农家书屋网络的建成与开通，更是充实了农家书屋的资源优势，为前来学习的留守儿童提供了丰富的文献资料，为留守儿童的健康成长提供了充足的资源保障。例如，江苏省太仓市的浏河镇张桥村农家书屋，在暑假期间会免费向本村中小学生开放。该村农家书屋的藏书包括农业科技、农村医疗卫生、农村普法、文化教育、少儿读物及中外名著等系列丛书，有近百个品种。为了让广大中小学生能够在暑期看得上书，看上适合自己兴趣的好书，农家书屋有关人员近日还专门购买了 2000 册适合农村小学生阅读的各类书籍，并调整出两间办公室作为阅览室，添置了空调，为孩子们看书创造安静、舒适的环境。除此之外，在暑假期间全镇还将通过举办中小学生知识竞赛、有奖征文等形式带动、引导学生走进书屋读书,让孩子们度过一个快乐、充实的假期。

其次,农家书屋具有为留守儿童提供学习服务的优势。农家书屋是广大农村留守儿童获取知识和信息的贮藏库,具有最方便、最有效地为留守儿童提供学习服务的优势,主要表现为:第一是学习时间的灵活性。农家书屋最长的开放时间,为留守儿童提供了灵活多样的学习条件;无论是上课前或下课后,无论是星期一到星期五或星期六、星期日,无论是暑假或寒假,只要是留守儿童需要,农家书屋都可为他们提供最为广泛的服务,永远是他们最佳的学习、成长的场所和乐园。第二是学习过程的自主性。每一所学校在启动教学工作之前,都已按各自的办学目标和要求,制定出一整套较为具体的教学计划、教学大纲、教学内容,教学形式及具体实施方案。所有参加学习的学生都只能是服从学校的安排,被动地接受学习和教育,缺少学习选择上的自主性和接受教育过程中的自主性,而农家书屋却无此限制,留守儿童完全可以根据自己的需要、兴趣和爱好,自主确定学习目标、规划学习进程、制定学习方案、安排学习计划、选择学习内容和学习方式,而且来农家书屋学习也不用考试,学习过程的自主性在这里得到充分的体现。

再次,是对象的平等性。来农家书屋学习的儿童,都有在农家书屋平等地获取知识和信息的权利,不分年龄、性别、学识水平、贫富或社会地位等,对前来学习的儿童提供平等的服务,每个留守儿童都可以在农家书屋获得平等的学习权利,享受平等的服务待遇。

三、建设农家书屋的重要意义

图书馆是传播知识的重要场所,它具有保存人类文化遗产、传递信息、开展教育和开发智力资源等社会职能。而现阶段所推行的农家书屋则是农村图书馆的一种初级形式,它是农村社会主义文化宣传的重要平台,同时也是传播先进的科技知识和市场信息的重要渠道。

农家书屋是农村公益性事业,是公共文化事业的组成部分。要想办好农家书屋,并使之成为建设新农村的阵地,需要从国家重视农家书屋的起因谈起:开卷有益,因朝历代似乎都是如此。但是,历史上的统治者对书籍的控制管理是非常严格的,这其中虽然也包含着造纸的工艺难等因素,但是究其根本原因还是统治者禁锢着文化的传播、"劳心者治人,劳力者治于人"是信条,由此而推行着愚民政策。另一方面,他们又在统治阶级内部宣扬"万般皆下品,唯有读书高"的理念,力图使他们的统治世袭化:传宗接代,永无变革。

然而,新中国以民为天,要求人人普及文化,解放初期的扫盲运动,实质是新旧社会的分水岭。如今,大学文化水平已成普及之势。但是,就目前讲城乡文化结构还不尽合理,东西部的知识水平发展不平衡,特别是农业技术知识运用尚不普及。现阶段的种种情况说明,在全国农村中普遍建设农家书屋工程非同小可。"送书到田间"应是头等大事。这就是建立农家书屋的现实意义。

1. 农家书屋是我国新农村文化建设的重要保障

进一步加强农村文化建设,有效满足农民群众的基本文化需求是政府义不容辞的责任。为了切实保障公民的文化权利,党的十六届五中全会和中共中央、国务院《关于深化文化体制改革的若干意见》提出了"构建公共文化服务体系"的改革目标:按照结构合理、发展平衡、网络健全、运行有效、惠及全民的原则,以政府为主导、以公共性文化为骨干、鼓励全社会积极参与、努力建设基本的覆盖全社会的公共文化服务体系,切实保障人民群众读书看报、参与大众文化活动等基本文化权益。党的十七届二中全会提出,要推进农家书屋等重点文化惠民工程,建立稳定的农村文化投入保障机制,尽快形成完备的农村公共文化体系。

公共文化服务体系是满足社会公共文化需求,向公众提供公共文化产品和服务的行为及其相关制度与系统的总称。在基本公共服务均等化理念下,政府提供的文化服务正加速向农村延伸。文化建设首先需要建设相应公共文化服务体系,长期以来,我国的公共文化服务建设主要集中在城市。我国传统的公共文化服务体制是与计划经济体制相适应的政府选择、政府供给的国家垄断性体制。在传统体制中,城市的公共基础设施是由国家来提供的,而农村的同类公共基础设施要由农民自主解决,国家只给予适当补助。基于这种政策,城市公共基础设施日益强化,乡村公共基础设施相对落后。在改革开放初期,受重经济轻文化的思想影响,政府对文化的经费投入严重不足,农村公共文化资源匮乏,文化消费整体偏低。现在已进入 21 世纪,政府迫切需要加大对乡村公共文化基础设施的投入。把有限的资金投入关键的环节中,发挥有限财力的最大效用,是加强农村文化基础设施建设的基本途径。农村文化的建设要落在实处,必须通过一定的载体来实现。如韩国在推进"新农村运动"中,政府积极帮助农村兴建了"村民会馆"。借助村民会馆,韩国在农村开展了广泛的农业科技教育,举办了农田管理知识讲座、农村新风教育等活动,直接推进了韩国农村的发展;通过村民会馆,不仅仅传播了农业、农村发展所需的文化知识,也向广大农民灌输了韩国的主导理念。韩国的经验说明,农家书屋在农村文化建设中是大有可为的。

但是,目前农村地区仍是我国文化建设的薄弱环节,设施落后,基础薄弱、城乡文化差距拉大的现象不容忽视,广大农民群众的业余文化生活贫乏,读报难、买书难、看书难的问题仍广泛存在。从现实情况看,图书、期刊等出版物在农村还是非常缺乏的。农家书屋应围绕新农村文化建设这一主题,贴近基层,贴近农民,继承和发扬中华优秀传统文化,传播社会主义先进文化,努力探索服务农村文化建设的途径和方法,不断提高服务质量和服务水平。

2. 农家书屋为探索我国农村公共文化服务体系建设提供借鉴

农村公共服务水平的高低是衡量一个国家和地区农村经济社会发展和城乡协调发展水平的重要标志,也是全面推进社会主义新农村建设的关键所在。推进农村公共服务体系建设,对于从根本上解决"三农"问题,确保我国经济社会的持续稳定健康发展,具有十分重大的意义。公共文化服务体系建设是政府的重要职责,我国市场经济体制的变革要求政府的职能定位转变到公共服务上来,由"传统管制型"

向"现代服务型"转变,做好市场经济发展的服务协调保障工作,真正建设成一个公共服务型政府。农村在现代化进程中,也迫切需要政府的管理模式由"管制型"向"服务型"转变,做好农村的公共文化服务体系建设。农家书屋作为我国农村公共文化服务的重要载体,是我国政府新时期公共文化服务体系建设重心向农村转移的一个重要标志,开启了农村全面建设公共文化服务体系的序幕。农家书屋是我国农村公共文化服务体系建设的一个缩影,为我国农村公共文化服务体系建设提供可行的经验参照。

党的十六大以来,在党中央的坚强领导下,各地各有关部门按照公益性、基本性、均等性和便利性的原则要求,坚持以政府为主导、以公共财政为支撑、以基层特别是农村为重点,大力发展公益性文化事业。广播电视"村村通"工程已覆盖全部通电行政村和20户以上自然村,文化信息资源共享工程已建成83万个服务点,覆盖全国90%的行政村,农家书屋已建成40万家、覆盖50%的行政村,乡镇综合文化站建设基本实现乡乡有综合文化站。此外,全国已有1743家公共博物馆、纪念馆、爱国主义教育示范基地向社会免费开放,广大群众看书难、看电影难、收听收看广播难的问题得到明显改善。已覆盖全国50%行政村的农家书屋建设工程,通过在行政村建立农民自管自用的公益性阅读场所,解决了农民群众看书难的问题。

3. 农家书屋对拓展我国农村出版物市场有重要意义

随着我国近年来出版业的飞速发展,出版物市场环境发生了重大变化,城市市场已几近饱和,而从我国农业人口占我国总人口的3/4来看,农村又是一个规模很大的市场,农村市场有着巨大的开发潜力,是今后新闻出版业发展的一个重要增长点。在"2007北京国际出版论坛"上,新闻出版总署署长柳斌杰指出,出版物发行要实施"一体两翼"战略,即巩固城市市场主体,开拓农村市场和国际市场。开拓农村出版物市场,一方面是发挥我国新闻出版业在农村的文化建设作用;另一方面,农村出版物市场为新时期我国新闻出版业带来新的机遇和发展空间。抓住农村这个尚未开发的市场是我国新闻出版业今后长期发展的出路和必然选择。

目前实施的"农家书屋"工程正是为我国农村文化建设与新闻出版工作搭建了一个广阔的平台。到 2009 年年底，中央财政和地方财政一共投入超过 50 亿元，预计到 2015 年，将完成全国 64 万个行政村的所有农家书屋建设，这对出版物产生了巨大的需求量。因此，要以"农家书屋"为载体和契机，加快我国新闻出版工作更深地走进农村市场的步伐，拓展农村市场。

第二章　农家书屋建设必备的条件

第一节　农家书屋应该具备的硬件条件

一个标准的农家书屋应该包括场地、出版物、书架、桌椅等硬件设施，还要有一名为村民提供服务的农家书屋管理员。硬件是基础，管理员是关键。这里先说一下农家书屋必备的硬件设施。

第一，适宜阅读的场地。农家书屋一般建在村委会、村文化活动场所、学校、农村超市、商店或是农户家里，距离村民居住地较近，便于村民前来读书借阅。书屋面积一般不低于 20 平方米，室内要宽敞、整洁、明亮，能提供一个良好舒适的阅读环境。

农家书屋外观

第二，符合规定的出版物。农家书屋配备的图书应不少于 1500 册；报刊不少于 30 种；音像制品和电子出版物不少于 100 种（张），而且要做到登记完备、编号清晰、分类摆放。有条件的地方，还可以配备数字出版物、网络出版物等。

第三,必要的硬件设施。农家书屋要配备满足出版物陈列摆放所需的书架和供村民阅览所需的桌椅,有条件的地方还可以配备电视、电脑、影音播放设备等。

农家书屋内部设施

第四,统一样式的标牌。农家书屋外部醒目位置要悬挂新闻出版总署统一制式的农家书屋标牌,引导村民方便地找到农家书屋。

农家书屋标牌和标识

第五,基本管理制度。农家书屋要制定《农家书屋管理员岗位职责》《农家书屋管理制度》《农家书屋图书借阅制度》等规章制度,并且做到制度上墙,接受村民监督。书屋开放时间一定要在书屋门口醒目位置张贴,便于村民安排借阅时间。

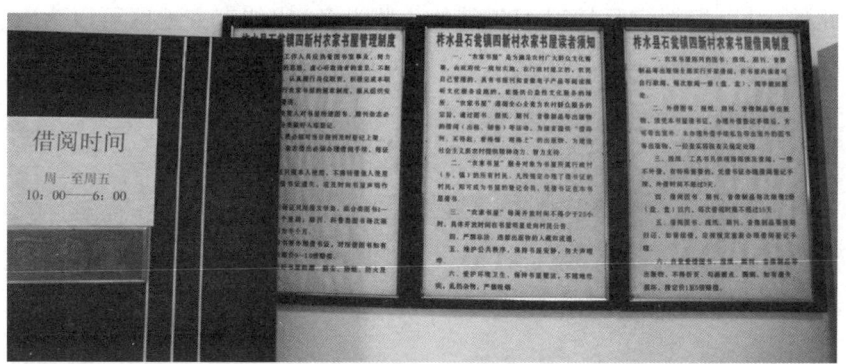

农家书屋管理制度

第六,各种登记簿册。农家书屋要配备图书目录登记簿、图书借阅登记簿、图书阅览登记簿、读者意见簿等,做到"账目"清楚,有据可查。

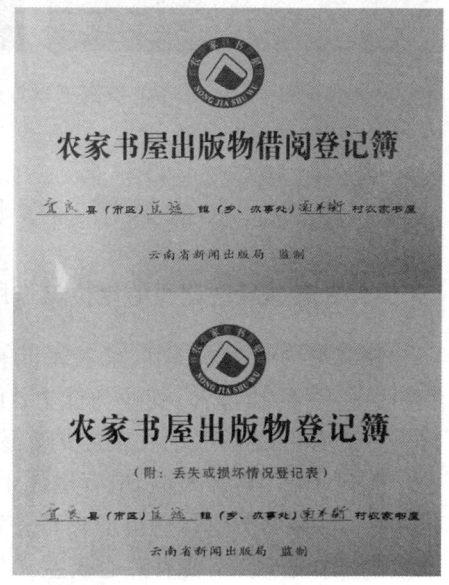

农家书屋登记簿册

第七,其他设施。农家书屋要配备灭火器、灭火沙等防火设备。此外,可以根据实际情况配备其他一些设备,比如南方地区可以为农家书屋配备风扇,北方地区应尽可能配备取暖设施。

农家书屋防火设备

第二节　农家书屋管理员的作用与职责

一、农家书屋管理员的地位与作用

农家书屋管理员是农家书屋的直接管理者,也是农家书屋这一"惠民政策"的执行者,其业务能力、工作积极性等直接影响到整个农家书屋工程的服务水平。现今的农家书屋管理员当中,既有村干部、大学生村干部、共青团员,也有退休干部、退休教师、普通村民,还有农村残疾人,农家书屋管理员应具备一定的出版物管理知识,要有耐心、细致的工作态度,还要有热心公益文化事业的精神。

二、农家书屋管理员的岗位职责

明确了农家书屋管理员的地位与作用,也就明确了这项工作的重要意义。接下来,管理员就要进入岗位,开展工作了。农家书屋管理员这个岗位都有哪些职责?就目前情况看,农家书屋管理员的岗位职责可主要概括为管理、服务与创新三个方面。

1. 管理

做好农家书屋的各项管理工作是书屋得以正常运转的前提与基础。农家书屋管理的主要对象可分为图书等各类出版物、场所与配套设施及接收、服务各运行环节。基本要求是保证农家书屋正常运营,保证农家书屋发挥功效。

第一,管理好各类出版物。主要是做好出版物接收、分类、编目、上架、借阅、收回、保存等工作,对书屋的各类出版物做到接收清楚,分类明确,摆放规范,标记醒目,记录完整,存取方便。保证不丢失,不损坏。真正方便村民阅读,力争最大限度地发挥书屋中各类图书、音像、电子出版物等的作用。为方便管理,管理员最好备有一枚刻有"××村农家书屋藏书"的印章,在接收图书时盖到每一本书上。同时,预备几个登记本,对图书的库存、损坏赔偿等给予登记。

盖有藏书章和贴有标识的图书

第二,管理好农家书屋的配套设施及场所。要管理和维护好书架、桌椅、电脑、电视等设施设备,做到对各类设施设备都有登记,定期维护与保养,确保它们完好无损。保持环境干净整洁,同时做好防火防盗等各类安全防灾工作,努力为村民提供一个舒适、温馨的阅读环境。

第三,制定好各服务环节的管理制度。为保证各项服务的规范、有序,就必须制定出相应的服务管理制度,比如管理员岗位责任制、村民借阅制度。管理员要根据上级关于农家书屋工程的有关政策与要求,结合本地经济条件、文化程度、村民阅读习惯、居住特点等,制定符合本地、本村情况的具体管理细则,以增强管理细则的可行性和可操作性,做好对书屋的管理与维护。

2. 服务

管理好农家书屋的目的是为了向农民提供服务。农家书屋管理员的服务对象是所在村子的每一位村民。为农民群众服务是农家书屋最基本的功能,也是农家书屋管理员最根本的任务。农家书屋管理员的服务内容主要应包括借阅服务、信息服务与宣传服务等几个方面。

首先要做好借阅服务,保证服务质量。这项服务主要包括保证农家书屋的开放时间、服务态度,方便村民来农家书屋阅读和外借阅读。

其次要做好信息服务,当好村民的阅读参谋。管理员要熟悉书屋的图书、音像制品等出版物,在村民借阅时给予帮助与指导,力争多给村民提供阅读信息。

还要做好宣传服务,鼓动村民阅读。农家书屋开张了,要及时向村民宣传;每当书屋来了新书要及时告知村民;还可通过各种方式主动向村民介绍他们需要的书籍,提供更多的信息。引导农民群众参与农家书屋的读书活动,让农民多读书、读好书,提高图书的借阅率。

3. 创新

在做好基本服务的基础上,农家书屋管理员还应该开动脑筋,多想办法,发挥自己的主动性和创造性,以农家书屋为平台,为村民提供更多的延伸服务。

农家书屋不仅是村民家门口的图书馆,而且是村民身边的信息交流站,是农村的文化生活园地,是塑造新型农民的文化课堂和培训基地。因此,农家书屋管理员的任务绝不仅仅是管好书屋,更要发挥自己的创造性,结合书屋开展形式多样、丰富多彩的读书活动,激发村民的读书热情,培养他们的读书习惯,为村民提供健康向上的精神文化生活。

各地的情况千差万别,要想充分发挥农家书屋的作用,就必须结合本乡本村的自然条件、产业状况和民情民意开展工作。这就要求农家书屋管理员能够结合当地的实际情况,有针对性地为村民提供服务。

这些工作,都有赖于农家书屋管理员创造性地开展工作,有赖于管理员的创新精神的发挥。

创新,就意味着不是一成不变,意味着没有统一模式,我们在本书中提供了一些思路,但更需要农家书屋管理员发挥自己的创造性、主动性,提供适合本地情况、具有本村特色的延伸服务。

(1)把农家书屋作为村素质教育基地,利用寒、暑假组织中小学生开展读书活动,有选择地推荐适合中小学生阅读的图书,让孩子们在假期里也能通过读书增长知识。把农家书屋延伸到服务教育、服务学生上,从娃娃抓起,真正体现农家书屋是农村的文化阵地、农民的精神家园。

(2)居住相对集中、交通方便的村,农家书屋还可以与当地的新华书店联手办"农家书店",由当地的新华书店根据村民需要,定期向"农家书店"配书,并按照有关政策给予一定比例的代销费用。这样做,既解决了农民买书难的问题,农家书屋也有了一定的收入,同时还扩大了新华书店农村销售网点的覆盖面,农村文化建设又增加了一个亮点。

第三节　农家书屋规章制度

一、农家书屋的管理制度

这是农家书屋的基本制度,主要介绍农家书屋的性质和管理的基本原则。管理员可以参照下面实例,根据本村的实际情况制定农家书屋管理制度。

(1)农家书屋是为满足农民阅读需要,建在行政村的公益性文化服务设施。

(2)农家书屋的服务对象为全体村民,图书、报刊、音像制品供全体村民免费借阅。

(3)农家书屋的出版物、书架、桌椅、放映设备等均为公共财产,敬请爱护。

(4)农家书屋须在屋外悬挂标牌,在屋内醒目位置张挂各项规章制度。

(5)农家书屋周一到周五每天上午 9:00 至下午 5:00 开放,周六、周日全天开放。

(6)农家书屋由村里安排专人管理,管理员应按照规章制度办事,并接受村民监督。

(7)村民借阅需遵守农家书屋借阅的有关规定。

(8)严禁在农家书屋内从事赌博等非法和不文明行为。

二、农家书屋图书借阅制度

农家书屋的具体管理制度,主要介绍村民借阅出版物时应当遵循的规定。管理员可以参照下面实例,结合本村实际情况制定农家书屋借阅制度。

(1)村民可凭借阅证免费借阅。

(2)图书和音像制品借出、归还都要进行登记。

（3）每人限外借图书 5 本、音像制品 2 张。

（4）每本书（音像制品）的借阅期限为 10 天，村民应该在规定期限内归还。如需续借，请在归还时限内办理续借手续，每本书（音像制品）只限续借一次。

（5）报纸、期刊只能在农家书屋内浏览阅读，不予外借。

（6）由于村民的原因造成出版物破损、丢失，村民应承担一定的赔偿。

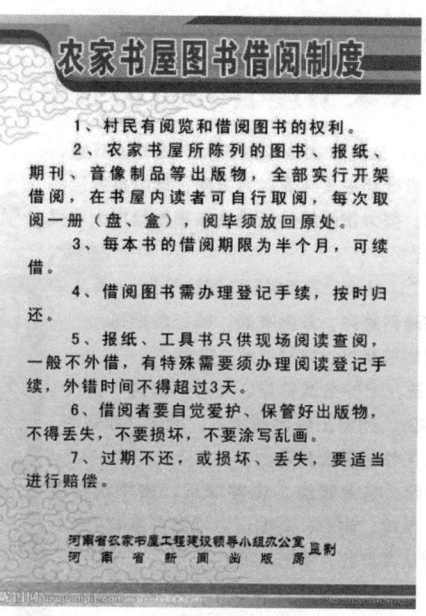

农家书屋图书借阅制度

三、农家书屋管理员岗位责任制度

这是专门针对农家书屋管理员制定的一项制度，主要规定管理员应该做什么，应该承担什么样的责任和义务。村民可据此对书屋管理员进行监督。

（1）认真履行农家书屋管理制度和借阅制度，接受村民监督。

(2)严格确保书屋开放时间,书屋开放期间不得擅离岗位。

(3)对出版物进行认真整理,做到账目清楚、统一编号、分类摆放。

(4)认真登记出版物的借出、归还情况,及时催还到期图书,保证出版物不丢失。

(5)热情接待村民,提供周到服务。

(6)对农家书屋的基础设施进行维护,确保公共财产安全。

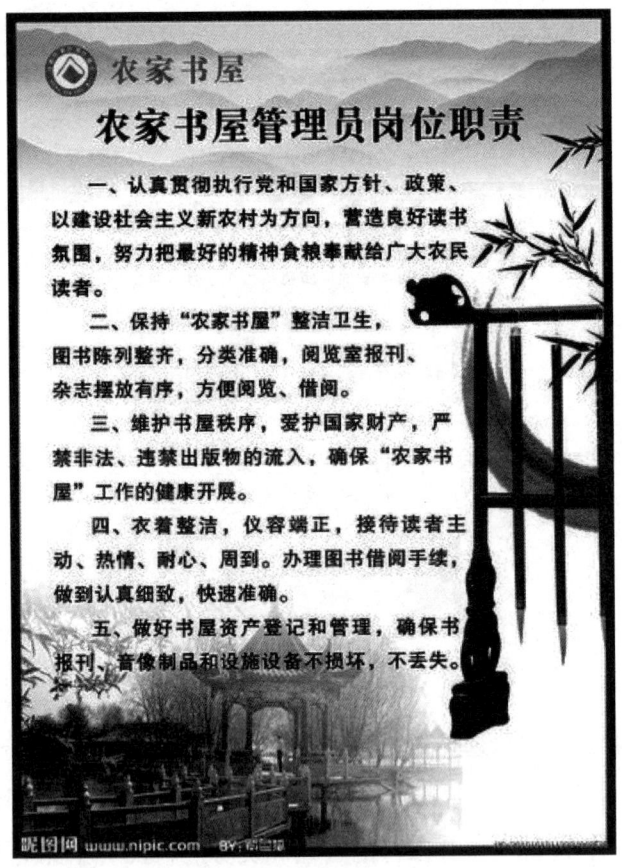

农家书屋管理员岗位职责

第三章　农家书屋管理员必备常识

第一节　农家书屋管理中常用的概念

农家书屋管理员要管理好农家书屋,首先要掌握一些图书馆领域的基本概念,这是因为家家书屋是我国社会主义新农村建设发展过程中出现的一种新型的图书馆形式。尽管它的规模较小,甚至一些功能还不是很完善,但是它也具有图书馆的基本特征、职能、作用,也需要利用图书馆的管理方式进行规范化管理。

一、文献的概念

1. 文献的定义

文献,用文字、图形、符号、声频、视频等技术手段记录人类知识的一种载体,或理解为固化在一定物质载体上的知识。也可以理解为古今一切社会史料的总称。

现在通常理解为图书、期刊等各种出版物的总和。文献是记录、积累、传播和继承知识的最有效手段,是人类社会活动中获取情报的最基本、最主要的来源,也是交流传播情报的最基本手段。

2. 文献的种类与特征

根据划分标准的不同,文献有多种分类方式。

(1)按文献的编辑方法和出版特点划分

①图书

图书是指对某一领域的知识进行系统阐述或对已有研究成果、技术、经验等进行归纳、概括,是一种比较系统完整而又成熟定型的出版物。它是迄今为止最主要的文献类型,占据整个文献系统的主导地位。

图书一般具有完整定型的装帧形式,首尾衔接,结构严谨,积叶成册,自成体系,以单行本、多卷书或丛书等形式出版发行。图书的内容系统、论述全面。一般记录一个中心内容或围绕一个问题,以历史为起点而以现实为重点进行论述。因此,读者通过阅读不仅可以获得一般性的知识,还可以从中得到历史的或现实的、理论的或方法的系统知识。

图书反映的知识可靠、观点成熟。一本书的形成往往经过著者的选择、核对、鉴别和融会贯通,包含着著者本人在社会实践、生产劳动和科学研究中的经验总结,是著者长期研究的成果、学识的积累。因此,对于我们查找各种事实、数据、资料的来源与出处,以及查考变迁沿革等,图书具有无可取代的优越性。

图书的成书过程较长,从写作到出版,要通过核对、鉴别、筛选、提炼、校对等多道工序,由此图书的一个明显的缺点就是传递信息速度慢,内容不便于随着时间的变化而及时更新,它反映的知识内容明显滞后,一般不含最新的信息内容。

图书按照内容、著述目的和使用特点,可划分为普通图书和工具书两种类型。普通图书提供读者具有完整性、系统性、连续性的知识,适合读者系统阅读或精读,包括教科书、专著、科普与通俗读物、文学艺术著作等。工具书是广泛收集某一范围的知识或资料,按特定体例或方式编排,提供基本知识和文献线索的一种特殊类型的文献,分为参考工具书和检索工具书两大类,具体包括辞典、百科全书、年鉴、手册、表谱以及索引、目录、文摘等。

②期刊

期刊,又叫杂志,它是指有固定的名称、版式、开本,汇集若干作者分别撰写的多篇文章、资料或线索,由常设编辑机构的工作人员依照一定的出版周期,使用连续的卷期号或年月顺序号作为时序的标识,计划无限期连续出版的出版物。期刊是随着近代科学的发展而产生的,是现代文献的一种主要类型。

期刊具有内容广泛、知识新颖、出版周期短、传递信息快、数量庞大、流通范围广等特点,读者可以很方便地获得自己所需要的期刊,及时了解国内外各学科领域的最新发展动态。自 1665 年 1 月在法国巴黎创刊的《学者周刊》和 1665 年 3 月英国皇家学会创办的《皇家学会哲学汇刊》问世以来，其发展十分迅速，它在人类的科学和生产活动中一直起着十分重要的作用，是记载、传播和交流社会文化和科学研究成果的主要根据之一，是科技人员进行信息交流的正式、公开而有秩序的工具。据统计，科技人员所获取信息的 65% 以上来源于期刊，它是十分重要和主要的信息源和检索对象，因此被称为"整个科学史上最成功的、无处不在的科学信息载体"。

期刊按其内容性质或使用对象，可以划分为学术性期刊、普及性期刊、检索性期刊。

报纸，也是期刊的一种类型。它和期刊一样，有统一的名称，有常设的编辑机构，定期连续出版，每期汇集许多文章、报道、资料、消息。但它比期刊时间性更强，出版周期更短，有日报、双日报、三日报、周报、旬报等不同出版周期之分，是信息报道最及时的一种文献；内容更加广泛，它以最快的速度报道世界各地发生的时事新闻、评论和各学科领域出现的最新成果；版面较大，多为对开或四开，以单张散页形式出现；出版量大，拥有读者面广，人数众多。因此，报纸是重要的情报源和社会舆论工具，对社会经济生活有着广泛的影响。对报纸进行内容分析和辑录整理，是资料工作一个十分重要的方面。但是，报纸报道的系统性和完整性不如图书、期刊等其他文献类型。

图书、报纸、期刊、音像等出版物

③特种文献资料

特种文献资料，又称丛刊，或不定期的连续出版物，是出版形式比较特殊的一种文献类型。它介于图书与期刊之间，似书非书，似刊非刊。这类文献总的特点是数量大，增长快；内容广泛，类型多样，涉及各学科和各领域；保密性强，出版分散，有不同密级程度，有的公开发表，有的内部发行；出版周期很不固定，收集比较困难；现实性强，情报价值高，从不同领域即时反映当前科学技术的发明创造、进展动态、研究水平及发展趋势。它们对于国民经济、生产技术和科学研究有直接参考应用价值。

④其他零散资料

主要指档案资料、舆图、图片和乐谱等零散资料。

档案资料包括文书档案和科技档案，是记录各种事实进行过程的卷宗材料，有一定的保密性。原始档案材料以手稿和打字件为主。

舆图包括地图、地形图、地质图、行政区划图、各种教学挂图等，是各种规格的单张直观材料。

图片包括各种新闻照片美术作品等。

乐谱是一种单张活页式音乐曲谱艺术作品。

上述零散资料，规格不同，外形各异，无法装订成册，通常需专门的方法进行整理和保管。

（2）按文献载体形式划分

①印刷型文献

印刷型文献是以纸质材料为载体，以印刷为记录手段而产生的一种传统的文献形式。它具有悠久的历史，是传统的记录知识信息的方式，但是目前仍然是占主导地位的知识信息载体。

它的优点是便于阅读，可直接、任意翻阅，可在任何场合下阅读；容易携带，便于交流；便于大量印刷，成本较低。

缺点是体积大，分量重，信息存贮密度低，收藏占用空间大；受自然条件和纸张自身限制，难以长期保存；难以实现信息自动化提取和高速度传递。

②缩微型文献

缩微型文献又称缩微资料、缩微复制品,它是一种以感光材料为存贮介质,以缩微照相为记录手段产生的文献形式。

缩微型文献的优点是:体积小,信息存贮密度高,成本低廉,便于保管、检索与传递的自动化;在适宜的温湿度条件下,可永久保存。

缩微型文献的缺点是必须借助专门的阅读设备,使用很不方便,不符合人们传统的阅读习惯。

缩微型文献的种类有:缩微胶片、缩微胶卷、缩微卡片。

文献的缩微化,是文献服务工作很重要的组成部分,世界上许多大型文献信息中心都将学位论文、研究报告、珍本、善本等准备长期保存的文献制作成缩微品加以收藏。

③视听型文献

视听型文献又称声像资料或直感资料。它是以磁性材料或感光材料为载体,利用声像技术和装置,直接记录声音、文字和图像的文献形式。

视听型文献表现和传递那些难以用文字来描述的信息,让人们通过自己的视觉、听觉感受到直观、形象、生动、逼真、丰富多彩的信息世界,帮助人们认识某些复杂或罕见的自然现象、探索物质结构和运动机制等。

视听型文献按人的感官接收方式,可分为三种类型:视觉资料、听觉资料、视听资料。

随着声像技术与电子技术的发展,视听型文献在文献系统中的比例越来越大。

④机读型文献

机读型文献是将信息以计算机可读的形式,记录在磁性载体(磁盘、磁带等)、光学载体(光盘)上,在计算机软件的支持下进行读取的一种文献形式。现在又多把这种机读型文献称为电子出版物。

机读型文献的问世是信息时代的重要标志,它改变了传统文献的物理形态,开辟了一种新的信息分发渠道,极大地提高了信息的传递速度,加快了社会信息化的进程。与印刷型出版物相比,电子出版物主要有以下几个特点：信息容量大、密度高，存取方便，能远距离传输文献信息；检索方便，可以进行随意浏览或检索所需信息；出版周期短，内容能够及时更新；融文本、图像、声音等多媒体信息于一体，表现力丰富。该类文献主要的问题是需用先进的技术设备才能阅读利用，使用成本较高。

机读型文献内容丰富，类型多。就目前而言，主要包括网络版电子出版物、光盘版电子出版物、软盘版电子出版物等类型。

随着计算机技术、通信技术、网络技术的高速发展，机读型文献得到了快速的增长，正越来越受到人们的重视，日益成为一种重要的信息来源，并正在改变着人们的阅读习惯和生活。

（3）按文献加工层次分

①一次文献

一次文献就是原始文献，是以作者本人的工作和研究成果为基础而创作的文献。由此看来，判断某一文献是否属于一次文献，是根据文献的内容而不是它的载体形式。只要是作者以工作与研究成果为依据而创作、撰写形成的文献，无论它以何种手段记录、何种载体存储，也不论其是否参考、引用了他人资料，均为一次文献。诸如期刊论文、专著、研究报告、专利说明书、会议论文、学位论文、标准资料等，均属一次文献。一次文献的内容比较新颖、详细、具体，记录着前所未有的新发现、新发明、新理论、新见解，它直接提供参考、借鉴和使用，可解决生活、生产、科研、设计、试制中的具体问题，有实际使用价值。所以，一次文献是人们参考学习的最主要的文献信息源和检索对象。一次文献数量极为庞大，由于在内容上是分散的、无系统的，因此不便于管理和传播。

②二次文献

二次文献是对一次文献进行加工整理和提炼压缩之后的产物，是为了便于管理和利用一次文献而编辑、出版和积累起来的工具性文献。二次文献不是一次文献本身的汇集，而是一次文献特征的汇集。为了便于人们全面了解和准确查找所需的一次文献资料，将广泛分散的原始文献汇集起来，按照一定的体例编排，描述其形式特征，揭示其内容要点,以便广泛、系统、完整地报道某一学科、专题领域的文献资料。诸如目录、索引、文摘、题录等均属二次文献。二次文献的主要作用在于:通过由分散、无序到集中、有序的书目控制过程,系统报道一次文献信息,帮助读者用很少的时间浏览较多的文献信息,提供检索所需要的文献线索。二次文献具有报道性、检索性、系统性、简明性等特点,是查找一次文献的线索,是检索文献时必不可缺少的工具。其本质是打开一次文献知识宝库的钥匙。

③三次文献

三次文献是在一次文献的基础上,对其内容进行综合分析、系统整理、高度浓缩、评述等深加工而形成的文献,是再生科研文献。三次文献可以利用二次文献成果作为检索文献的途径,也可以不经过二次文献直接利用一次文献的内容成果。三次文献可分为综述研究和参考工具两大类型。综述研究类文献是在大量原始文献成果基础上对科学技术的发展趋向进行分析研究、综合评述的产物,诸如专题述评、总结报告、动态综述、进展通讯、信息预测等。参考工具类文献,是在大量原始文献内容反映的原理、定律、事实、方法、公式、数据及统计资料的基础上,筛选出稳定、可靠而有用的知识,编写成供查阅参考的工具书文献,诸如词典、百科全书、手册、年鉴等。三次文献来源于一次文献,高于一次文献,具有系统性、综合性、知识性和概括性的特点,它从一次文献中汲取重要内容提供给人们,便于他们高效率地了解某一领域的状况、动态、发展趋势和有关情况。同时,它不仅筛选出大量有用的一次文献信息内容加以分析综合、组织编排,而且赋予新的认识和见解,形成新的文献资料。因此,三次文献内容综合性强、信息量大,它既是检索的对象也是检索的工具。

在文献信息的层次结构演变中,一次文献是人们掌握信息的直接对象,二次文献是人们检索原始文献信息的主要工具,三次文献是人们掌握情报源的主要资料。从一次文献到二次文献、三次文献,每个环节都不断融入了著者及文献工作者的创造性劳动,是文献信息由博而约、由分散到集中、由无序到有序化的过程,其可检性、易检性及可获得性在不断递增,不断满足人们的各种需求。它们是进行科学研究必不可少的基础条件。文献信息的这一层次变化,使人们获取信息变得有章可循、有径可问。

总之,现代文献的类型突破了纸质载体印刷品的传统模式,采用多种载体材料记录文字、声音和图像,传播知识信息。在今后相当长的历史时期,将形成各种文献形式长期共存、相互补充、相互结合、共同发展的局面。

二、图书馆的概念

什么是图书馆? 这个问题似乎非常简单,就连幼儿园的小朋友也会脱口而出:"借书的地方就是图书馆。"

这个回答只是涉及了图书馆工作的一个主要方面,即借书还书。这也是农家书屋的一项重要工作。但是如果用它来定义图书馆这个概念就不全面、不科学了。其实,图书馆不仅具有人们常见的借书还书的功能,还具有许多其他作用,因此,很难用一句话来回答"什么是图书馆"。应该说图书馆是一门学科,也是唯一一门用其建筑来命名的学科——图书馆学。

在我们国家,图书馆学不仅有本科教育,还有硕士和博士层次的教育,是一个发展比较迅速的学科。在知识经济时代,知识的作用日益重要,终身学习已成为不争的事实,图书馆作为终身学习的重要场所受到人们的重视,与此同时,各类图书馆也迅速发展,农家书屋就是其中之一,它们在构建和谐社会中发挥着重要作用。不论什么类型的图书馆,其工作原理和管理方法都要依靠图书馆学理论基础做指导,因此有必要对图书馆的概念做一系统介绍。

简单地说,图书馆就是收集、整理、存储和利用文献信息,并为社会的政治、经济服务的文化教育机构。具体体现在以下几个方面:

1. 保存人类文化遗产

从有了人类社会以来,便产生了文字,用来记录这些文字的载体——图书也就应运而生,它记载了从古至今人类历史的发展和演变。图书馆的功能之一，就是要收集、加工、整理、科学管理这些珍贵的文献资源，以便广大的读者借阅使用。图书馆是作为保存各民族文化财富的机构而存在的，它担负着保存人类文化典籍的任务，是图书馆最古老的职能。它是以文献为物质基础而开展业务活动的，但近年来由于计算机网络化的实现以及科学技术的突飞猛进，图书馆不但保存手写和印刷的文献，还保存其他载体形式的资源，而且保存的目的是为了更好地使用。

2. 开发信息资源

图书馆收藏着大量的文献信息资源，积极地开发，广泛地利用这些文献资源是图书馆的重要职能之一，也是图书馆承担各种职能的基础。由于当今社会文献的生产数量大、增长快；社会文献的类型复杂、形式多样；文献的时效性强；文献的传播速度加快；文献的内容交叉重复；文献所用语种在扩大，质量下降等特点，使人们普通感到利用起来十分不容易。图书馆通过对文献信息资源进行加工整理、科学分析综合、指引，形成有秩序、有规律、源源不断的信息流，进行更加广泛的交流与传递，使读者更好地利用它们。图书馆的文献资源开发包括下面几项内容：第一，对到馆的文献进行验收、登记、分类、编目、加工，最后调配到各借阅室，以便科学排架，合理的流通；第二，对馆外文献信息资源进行搜索、过滤，成为虚拟馆藏，形成更加宽广、快捷的信息通道；第三，通过最现代化的手段——计算机网络操作技术使馆藏文献走向数字化。

3. 开展社会教育

（1）思想教育的职能

图书馆是文献信息资源的集散地，是传播文献信息资源的枢纽。在馆藏建设上，不同的国家、不同的阶级都有一定的原则和倾向。

中国是无产阶级专政的社会主义国家，图书馆具有思想政治教育作用，目的是要引导和帮助读者树立正确的世界观、人生观、价值观，打下科学理论的基础，确立为建设中国特色社会主义而奋斗的政治方向。从事图书馆工作的管理人员，时刻不要忘记图书馆的思想政治教育宣传阵地的职能和自己服务育人的神圣职责。

（2）两个文明建设的教育职能

图书馆是人类文明成果的集散地,在社会主义两个文明建设中,肩负着重要的教育职能作用。

图书馆的丰富馆藏,可以向读者提供文献信息服务,把精神化成物质;可以通过对馆藏的遴选、加工、集萃,向读者提供健康有益的精神食粮。图书馆可以通过画廊、墙报、学习园地等各种活动大力宣传两个精神文明建设。

（3）文化素质的教育职能

图书馆进行社会教育,主要表现在可以为社会、为读者提供最完备的学习条件:资源、场地、设备。受教育者可以长期地、自由地利用图书馆进行自学。它还是学校教育的重要组成部分。在学校里,图书馆是基本的教育设施,它被誉为"知识的宝库、知识的喷泉""大学的心脏""学校的第二课堂",直接承担着培养人才的重任。

图书馆向社会所有成员敞开大门,教育他们如何才能获取文献资源的过程和方法,掌握进行终身学习所必需的技能。

（4）丰富群众文化生活教育的职能

丰富群众的文化生活也是教育职能的组成部分。健康的文化娱乐是人类社会生活中不可缺少的组成部分。图书馆是社会文化生活中心之一,在传播文化,活跃群众业余文化生活方面具有很重要的地位和作用。人们可以从图书馆里借到自己喜爱的图书,回家细细品味;也可以到阅览室里随便翻翻报纸、看看画报,欣赏一下美术作品,享受读书之乐。也可以到计算机网络中心上网进入聊天室聊聊天,给亲朋好友发一份电子邮件等。

第二节　图书的基本常识

图书是历史最悠久的传播工具之一。根据联合国统计,全世界每年印刷型图书的出版量达 80 余万种。尽管目前农家书屋中图书的数量还不多,但是随着社会的发展和农家书屋规模的不断扩大,其藏书量会日益增多,因此必须有科学合理的管理方式才能使其得到长期发展,才能使农家书屋中有限的图书资源得到最大限度的利用。

一、印刷型图书的结构

我们常见的一般由封面、扉页、目录、正文、标题、页码、辅文(前言、后记、引文、注文、附录、索引、参考文献)等 7 部分组成。作为农家书屋的管理员,应当首先掌握图书的组成及结构,才能很好地管理书屋。

图书的封皮包括 5 部分:封面(封一)、封里(封二)、封底里(封三)、封底(封四)和书脊。

1. 封皮

封皮是书的最外层,一般是由封面、封底和书脊构成,它不仅对每本书起保护作用,而且还能提供书目信息。

(1)封面,又叫书皮或封一,记载书名、卷、册、著者、版次、出版社等信息。封面能增强图书内容的思想性和艺术性,可以加深对图书的宣传,在设计上不同于一般的绘画。图书的封面对图书的内容具有从属性,同时要考虑读者的类型,要为读者所理解。

封里,又叫封二,指封面的里面。

封底里,又叫封三。

(2)封底,又叫封四或底封,是书的最后一页,它与封面相连,除印有统一书号和定价、条形码外,一般是空白,有的还会有内容提要、说明和作者介绍等内容,甚至还会有与本书有关的某些图书的广告,而且宣传效果比封二、封三都好。

(3)书脊,书的脊背,平装书和精装书封面和封底的联结处。一般印有书名、作者名、出版单位名等,也称书背。

(4)扉页,又称内中副封面。在封二或衬页之后,印的文字和封面相似,但内容详细一些。扉页的作用首先是补充书名、著作、出版者等项目,其次是装饰图书增加美感。

(5)辅文,相对于正文而言的,在图书内容中起辅助说明作用或辅助参考作用的内容,如内容提要、冠图、序言、前言、目次、补遗、附录、注文、参考文献、索引、后记等。

2.正文前部分

(1)书名页

每本书都有书名页,它是全书十分重要的组成部分,是获得书名和著者确切信息的地方。位于环衬后、书芯或插页前,是图书的主要识别标志。通常称"扉页"或"内封",上印有完整的书名、著作者和出版者的名称。背面印有版权说明、图书在版编目(CIP)数据、版本记录等。有些丛书、多卷书、作者数量众多的书(如大型工具书)等,还在主书名页之前设有附书名页。

副书名:主要是一些说明性的短语,用来解释书名的意义。

著者姓名:外文书通常在此处对著者的身份加以说明,例如职务、职称、学衔等。对于两人以上合作撰写的图书,封面通常只印主编或第一著者,在书名页会把全部参加者印出。

版本说明:如果是再版、修订版或改订版都会在此处注明。

(2)版权页

版权页一般安排在正扉页的反面,或者正文后面的空白页反面。文字处于版权页下方和书口方面为多。版权文字书名字体略大,其余文字分类排列,有的设计并运用线条分栏和装饰用,起着美化画面的作用。图书版权页是一种行业习惯称呼,是指图书中载有版权说明内容的书页。在国家标准中,它实际上是图书书名页中的主书名页背面。

(3)序言、前言

序,又称序言、前言、叙、绪、弁言、引等,是作品或书籍的一种依附性文章,主要介绍作品的内容、主旨,或者作者的创作过程,或对作品加以评论。中国最早的序,一般认为是汉朝人为《诗经》所做的《毛诗序》以及为各诗所做的小序。序一般位于作品之前,也可位于书后,如司马迁的《太史公自序》即位于《史记》结尾,位于篇末的序为"后序",通常称为跋或后记。由作者本人写的序为自序(Preface),作者以外的他人所写的序为他序(Foreword)。

（4）目录

是指书籍正文前所载的目次,它是著录一批相关文献,按照一定次序编排而成的揭示与报道文献信息的工具,又称书目。它产生于文献的大量积累和人们对文献利用的需求。目录作为一种联系文献与需求者之间的媒介或纽带,以最大限度满足人们的书目情报需求为目的,对文献信息进行科学的揭示和有效的报道,并且不受时间和空间的限制。

（5）内容简介

说明全书的主题概况和使用范围以及其他一些类似信息。

不论是什么样的一本书要通过阅读上述一些内容就可以了解一本书是否包括有自己所需要的东西,以及它的著者水平和编写方法能否达到编写目的。在阅读或选择一本书之前,先浏览这些部分,能节省时间。

3. 正文

正文部分是书的主体,由各章、节构成,一般图书馆的馆藏章都是盖在正文的首页。

4. 辅助材料和参考文献

这一部分位于正文之后,包括附录、注解、参考文献、索引等。

附录:如各类图表、计量单位换算表、公式表等。

注解:解释正文的某些内容,有时也放在每章或其他资料的目录,或是为帮助读者深入研究而推荐的资料目录,有时也放在每章的后面。

参考文献:是在写作过程中参考过的文献,是学术研究过程中,对某一著作或论文整体参考或借鉴。

索引:多为带有参考页码的主题缩影,特别是对于工具书来说,索引就更加重要了。

5. 跋、后记

许多图书在正文结束后又载有跋、后记，多为图书的责任者或出版者撰写，其内容主要是说明图书编辑、出版的经过，对图书内容及责任者等作补充说明。有的跋也对图书的内容及其学术价值进行评价，多为有关专家、学者撰写，对了解图书甚有帮助。

二、图际标准书号

国际标准书号的英文全称为 International Standard Book Number，简称 ISBN。国际通行的出版物代码，一般印在图书等出版物的某一明显部位，书名页的背面、版权页或封底的下部或出版物外部。采用 ISBN 编码的出版物有印刷型图书、小册子、地图、盲文出版物、多载体复合出版物、缩微出版物、机读磁带、教学影片、幻灯片等，但不包括临时性印刷品。

1. 国际标准书号的构成

国际标准书号由 10 位阿拉伯数字组成，分为 4 个部分，即组号、出版者号、书名号和校验号，数字间用连字符或空格隔开，书号前均有"ISBN"字样。例如：

ISBN	组号	出版者号	书名号	校验号
ISBN	7 –	5383 –	0276	– X
或 ISBN	7	5383	0276	X

组号代表国家、地区或语种，由国际书号中心（设在德国普鲁士文化遗产州立图书馆）负责分配，取 1—5 位数字。例如，"0"代表英语区，"4"代表日本，"5"代表苏联，"7"代表中国。出版者号由国家或地区的 ISBN 中心分配，取 1—7 位数字。组号与出版者号合称为"出版者前缀"，它是一个出版者在国际上的标准代号，取 2—8 位数字。书名号是由出版者给每种出版物编的号码。校验号是为了避免转抄或印刷过程中出现错误，用计算机自动校验而设置的，固定为 1 位数，当出现"10"时，用罗马数字"X"表示。

特点包括：①具有专指性，编号唯一代表某种书的某一版本，当同一种图书的开本、装帧或价格不同时,书号也就不同。②具有可识别性,从 ISBN 的 4 组号码中可以得到出版国家、地区或语言、出版者、书号的实际信息。③可以检验,即用加权因数 10—2 分别与 ISBN 的 1—9 位数对应相乘,将乘积与校验数值相加,再以模数"11"相除,如被整除就是正确的编号,否则为错误编号。例如上例书号的校验程序是:

ISBN 7 5 3 8 3 0 2 7 6 X
加权 10 9 8 7 6 5 4 3 2
乘积 70 + 45 + 24 + 56 + 18 + 0 + 8 + 21 + 12 + 10
总和 264 ÷ 11 = 24(被整除)

2. 国际标准书号的印刷格式

1982 年,中国参加 ISBN 系统,并成立中国 ISBN 中心(设在国家新闻出版署)。中国标准书号自 1987 年 1 月 1 日起实施,至 1988 年 1 月 1 日完全取代原用的统一书号。中国标准书号共分两部分,第 1 部分为 ISBN,是主体部分;第 2 部分为《中国图书馆分类法》基本大类类号和种次号。类号除工业技术诸类图书用两个字母外,其他各学科门类图书均用一个字母。种次号是同一出版社出版同一学科门类图书的顺序号,由出版社自行编定。类号与种次号之间用中圆点(·)隔开。第一部分和第二部分分两行排列,也可用斜线隔开,排成一行。例如:

ISBN 7 – 114 – 00316 – X
TP · 340

或 ISBN 7 – 144 – 00316 – X/TP · 340

三、图书的条形码

条形码是由宽度不同的,平等相邻的黑色条和白色空组成,这些黑白条形纹是按照一定的编码规则组合成的用以表示一组数据的符号。条形码是一种自动识别技术,在国际上已广泛应用于商品,为商品贸易、物品管理提供了极大的便利。

我国国家新闻出版署于 1993 年 8 月 9 日发出《关于在出版物上全面推广使用条形码的通知》,从 1994 年 1 月 1 日以后出版的所有使用 ISBN 号的图书、所有使用 ISSN(国际标准期刊号,参见了下一节)的期刊,都必须分别印有 978、977 前缀的条形码。

四、图书在版编目

图书在版编目(CIP)是指图书在出版过程中,先由版本图书馆及其他部门根据出版机构校样进行编目,然后再由出版社将编目资料印刷在图书上,使图书上的编目资料能同时为出版机构、图书馆、文献发行部门所利用。它是书源编目随书配卡工作的继续,是文献编目工作发展的产物。CIP 数据是由数据标题、著录数据、检索数据、其他注记四部分组成。

比如:

康熙大帝/阎崇年著. --北京:中华书局,2008.5

ISBN 978 - 7 - 101 - 06152 - 9

Ⅰ.康…Ⅱ.阎…Ⅲ.康熙帝(1654～1722) - 人物研究Ⅳ.K827 =49

中国版本图书馆 CIP 数据核字(2008)第 064705 号

1. 图书在版编目的作用

(1)图书馆界获益匪浅

从图书在版编目获益最多的是图书馆界,各个图书馆收到新书后,即可利用图书上所印的在版编目数据增加一些项目,制作目录卡,不需要再进行原始编目的工作,即不用选定主标目,不用查找规范文件,分类号、主题词一般可用,节省了编目的人力、物力,加快了新书向读者提供服务的时间进度。

(2)扩大宣传,增加发行量

对于出版界来说,实行图书在版编目也有很多好处,由于有了标准化的书目数据,为编制各种图书目录创造了条件,有利于多渠道宣传图书,扩大影响,增加发行量。同时图书在版编目也为编制全国性的征订目录创造了条件,对于扩大图书在国内外的发行数量,起到了难以估量的作用。尤其是图书在版编目的实施,标志着我国出版事业管理水平和书目信息社会化的程度迈上了一个更高的台阶,促进了出版事业自身的标准化与规范化,是出版界走向国际社会的一件大事。

(3)提高整个国家的书目质量

图书编目质量的提高,依赖于标准化与规范化的推行,但是在各文献出版发行与收藏利用单位分散编目的情况下是难以做到的。必须有一个权威的集中编目机构进行统一编目,才能执行图书著录的各项标准与规范,保证书目数据的质量,实施在版编目则是进行统一编目的基础。正是由于这个原因,许多国家的在版编目中心和国家图书馆的书目中心合为一个机构,同时履行处理在版编目国国家书目数据的职能,从而充分利用了国家图书馆雄厚的编目力量,保证了在版编目数据的质量。

2.图书在版编目在图书书名页背面的印刷格式

(1)排列次序

图书在版编目数据在图书书名页背面的印刷格式由4个大段落组成,依次为图书在版编目标题、著录数据、检索数据、其他注记。

首先是第一大段落,即图书在版编目标题。通常注有"图书在版编目(CIP)数据"的标准字样,并加圆括号。

第二大段落是著录数据,与第一段落之间空一行。著录数据的书名与著作责任者项、版本项、出版项连续著录;丛书项、辅助项、标准书号项均单独起行著录。

第三大段是检索数,与第二段落之间空一行。检索数据的排印次序为书名检索点、著作责任者检索点、主题检索点、分类检索点,各检索点依次用罗马数字排序。除分类检索点外,同类检索点依次用阿拉伯数字排序,并将阿拉伯数字置于圆圈符号之中。分类检索点不止一个时,各检索点之间要有间隔,但不用任何数字或符号排序。书名检索点仅有一个,且与著录数据中的正书名完全相同时,也可以采用省略著录法,仅著录"书名"二字,或者著录书名的第一个字,后面加"…"号。

　　第四段落是其他注记,与第三段落之间空一行,内容依据在版编目工作需要而定,顺序、格式不限。

　　(2)印刷格式

　　图书在版编目的格式有详细型和简略型,一般的采用简略型就能满足需要。简略型的著录格式如下:

图书在版编目(CIP)数据

现代图书馆入馆指南/蔡莉静等主编. —北京:海洋出版社,2003.6

ISBN 7 – 5027 – 5155 – 6

Ⅰ.现…　　Ⅱ.蔡…　　Ⅲ.图书馆—利用—方法　　Ⅳ.G252.65

中国版本图书馆 CIP 数据核字(2003)第 046542 号

五、图书的特征

　　图书的主要特征包括三个方面:一个是图书外表特征,另一个是图书内容特征,也是主题特征,还有一个是图书物质形态。

　　1.图书的外表特征

　　文献外部特征的检索语言主要是指对文献的篇名(题目)、作者姓名、出版者、报告号、专利号等内容的检索。将不同的文献按照篇名、作者名称的字序进行排列,或者按照报告号、专利号的数序进行排列,所形成的以篇名、作者及号码的检索途径来满足用户需求的检索语言。

　　2.图书的内容特征

　　与文献信息主题内容密切相关的信息称为文献信息的内容特征。文献信息内容特征主要有各种形式的主题词和分类号。文献的标题因常常能够反映文献的主题,常被归入内容特征的范畴。内容特征和外表特征的区别是:与文献信息内容特征的关系密切的是内容特征,反之是外表特征。

　　3.图书的物质形态

　　是指图书的页数、装帧形式等。例如,精装还是平装。

第三节　期刊的基本常识

一、期刊的定义

期刊就是我们常说的杂志。期刊传播信息比图书更快,内容简短扼要,而且具有多样性和及时性的特点,可以让读者在很短的时间里了解较多的知识和信息。期刊可笼统分为专业性(如时事政治、经济、教育、法律、科技、文艺等)期刊和综合性期刊两大类;按读者对象分,有儿童、青年、妇女、老年类期刊等;按表现形式分,有文字版期刊和图画版期刊。刊期有周刊、旬刊、半月刊、月刊、双月刊、季刊、半年刊、年刊等。期刊也会根据需要出增刊或精选本,也可以出合订本。

期刊的发行和报纸一样,大多通过邮局发行。我国每年出版期刊9000多种。有不少优秀期刊深受广大读者欢迎,如《半月谈》《读者》等,每期发行量都在数百万册以上,被广大读者视为良师益友。

二、期刊的种类

正像报纸一样,期刊也可以不同的角度分类。有多少个角度就有多少种分类的结果,角度太多则过于烦琐。一般从以下三个角度进行分类。

1. 按期刊的学科归属进行分类

以《中国图书馆图书分类法.期刊分类表》为代表,将期刊分为五个基本部类:(1)马列主义、毛泽东思想;(2)哲学;(3)社会科学;(4)自然科学;(5)综合性刊物。在基本部类中,又分为若干大类,如社会科学分为社会科学总论、政治、军事、经济、文化、科学、教育、体育、语言、文字、文学、艺术、历史、地理。

2. 按期刊的内容特征和读者层次进行分类

以《中国大百科全书》新闻出版卷为代表,将期刊分为四大类:(1)一般期刊,强调知识性与趣味性,读者面广,如我国的《人民画报》

《大众电影》,美国的《时代》《读者文摘》等;(2)学术期刊,主要刊载学术论文、研究报告、评论等文章,以专业工作者为主要对象;(3)行业期刊,主要报道各行各业的产品、市场行情、经营管理进展与动态,如中国的《摩托车信息》《家具》、日本的《办公室设备与产品》等;(4)检索期刊,如我国的《全国报刊索引》《全国新书目》,美国的《化学文摘》等。

3. 按期刊的学术地位分类

可分为核心期刊和非核心期刊两大类。

(1)核心期刊,是指在某一学科领域(或若干领域)中最能反映该学科的学术水平,信息量大,利用率高,受到普遍重视的权威性期刊。

国内对核心期刊的测定,主要运用文献计量学的方法,以及通过专家咨询等途径进行。

北京大学出版社 1992 年出版了《中文核心期刊要目总览》,1996 年推出第二版。第二版从正在出版的近万种中文期刊中,筛选出 1578 种核心期刊,并做了简要介绍。在第二版的基础上,2000 年又推出了第三版。《中文核心期刊要目总览》是我们了解全国核心期刊的重要工具书。

(2)了解核心期刊具有重要的意义。就编者而言,可以从核心期刊吸取经验。就读者而言,树立核心期刊意识,可以明确价值取向,提高阅读档次。例如,语言文学专业的学生,首先要阅读《中国语文》《文学评论》等核心期刊。就图书馆而言,在经费有限的情况下,订阅时当然是以核心期刊为首选目标。就科研管理部门而言,可以统计分析单位或个人在核心期刊上发表论文的情况,以此作为衡量其学术水平的一项重要指标。因此,人们往往以在核心期刊上发表文章为自己的追求目标。

三、期刊的特点

1. 连续性

连续性是连续出版物(期刊)的共性。连续性有两个方面的含义:一是定期出版;二是从创刊之日起就打算无限期地长期出版下去。只不过有时可能因为政治的、经济的等编辑部不可抗拒的原因造成休刊、停刊,这并不是编者的初衷,所以不影响这一属性。多数期刊都有稳定的读者,具有相同的题名,每期都有相同的定价、固定的页数和装帧形式,都有卷、期号,每期都包括多位作者内容不同的文章,这也是与图书的最大区别。

2. 及时性

期刊与图书相比较,出版周期短,刊载论文的速度快、数量大、内容新颖、发行与影响面广,能及时反映国内外科学技术的新成果、新水平、新动向。

3. 新颖性

通常期刊中含有大量的最新信息,是科学和生产的主要信息来源。在历史上许多科学新发现都是发表在科技期刊上的。由于期刊,尤其是科技期刊是同行交流学术研究成果、报道科研动态的平台,因此其内容一般都是作者的第一手材料,具有独创性、新颖性,具有很强的情报价值。越是有特色的期刊,其新颖性就越突出。

但是,由于现在学术界受一些功利思想的影响,在进行论文创作时抄抄写写,人云亦云,使一些期刊发表的文章缺乏新颖性,影响了期刊的质量,对其生存产生了很大影响,使得一些期刊不得不停刊。这从另一方面说明了期刊的独创性和新颖性。

4. 广泛性

期刊发表的文献,大多数是原始论文,提供的资料包括研究方法、仪器装置、结果讨论和参考文献等。此外,期刊还刊登文献述评、动态介绍、会议消息,书评和新书预告、产品广告等,内容十分丰富。不仅如此,其他类型的文献,也常常在期刊上发表,如会议论文、科技报告、学位论文等,重要的专利在期刊上也常有报告。

5. 容纳性

期刊的容纳性表现在三个方面:一个是可以从不同角度报道某一研究课题;二是有关信息可以连续不断报道;三是每期期刊容量是有限的,但是它连续无限期地出版,其容量是"无限"的,这正是由期刊的性质所决定的。

人类的知识是一条不断发展运动的长河,它随着人类社会的不断进步需持续向前发展,从而使期刊内容的连续性能够历史地、系统地反映某一学科或某一研究对象的发展过程。例如,以《无线电杂志》为例,这是一本深受业余电子爱好者喜爱的杂志,当我们从 20 世纪 50 年代的期刊开始读起时,就会随着岁月的痕迹看到 20 世纪 50、60 年代电子管收音机,20 世纪 80 年代晶体管收音机、晶体管黑白电视机以及 20 世纪 90 年代的微型计算机等电子技术的发展踪迹。所以期刊既有即时性,也是史料性,如果保持连续订阅,就可以形成宝贵的历史发展资料和教科书。

6.市场性

随着市场经济的发展,我国的期刊发生了极大的变化。首先从内容上看,随着人们生活质量的提高和对健康的重视,休闲期刊的数量迅速发展;其次从主办单位来看,完全独立核算的单位越来越多;最后从发行上看,公款订阅的越来越少。这样就使得期刊的发展不论是内容上还是形式上都要适应市场的需要。

细心的读者会发现,现在几乎所有的期刊都有广告,而且其生存越来越依靠广告。一些期刊由于在同行业中具有较大的影响力,所以广告收入十分可观。这也是期刊与图书的显著区别,通常图书是不允许刊登广告的。

7.有固定的读者

期刊的名称通常比较明确,其内容紧紧围绕主题,因而其读者对象就十分明确,这就表现在一种期刊通常有一个比较固定的读者群。例如《中医杂志》的读者对象主要是从事中医研究的人,《支部生活》的读者对象是以党员为主,《大学英语》的读者对象则是以在校的大学生和英语教师为主。

四、期刊的组成

1.期刊的结构

期刊的结构是指期刊的编排与版式构造。从版式整体结构来看,期刊都有共同的特点。因此研究和了解期刊的结构有助于我们熟悉、管理和使用期刊。

通常,期刊的结构一般包括封面页、封二、题名页、目次页、正文、年度累计索引、封三、封底、版权页、刊背等。它们在期刊中起着不同的作用。

(1)封面

封面是展示期刊外表表象的重要组成部分,期刊的封面有全封面和半封面两种。全封面期刊的整个封面由美术画面构成,而半封面的期刊只在封面的上半部印有题名、卷期标识以及责任者等,其余部分往往是安排目次,通常学术期刊采用的是这样的封面。

全封面期刊示意图

半封面期刊示意图

从上面两个图中我们不难看出,封面中的题名和卷期标识是最突出的部分,它们字体各异,一些休闲类的期刊为了吸引读者,故意在封面上制造一些夸张的字或图以引起读者的注意,而真正的题名却隐藏在某一角落,这给我们认定期刊题名时造成一定困难,需要引起我们的重视。还有的期刊封面,题名一部分大写,一部分小写,有的甚至将题名完全脱节,还有的期刊将题名卷期标识的数字演化成特殊图案,所有这些都给期刊管理工作带来了不便,需要我们在管理时加以注意。

(2)封二

封二是期刊全封面的背面。内容安排上各个期刊不尽一致,大多数期刊的封二是广告,有的期刊还在封二页后面插入若干项广告,以至于目次页很难辨认。还有的期刊封二是刊后语或者插图、照片等,有的下角也安排为版权页。不论封二页的内容怎样,它都是期刊结构中必不可少的一个部分。

(3)题名页

题名页也往往在封面和目次页之间,上面印有题名、卷期标识等。国内外的期刊多数没有题名页,常常将目次页的刊眉部分作为题名页。有的期刊,封面上的题名卷期有时与题名页或目次上的题名卷期不太一致。遇到这种情况应认真查实。

(4)目次页

期刊的目次页上将文章的标题与页码显示给读者。有的目次页自成为一页或数页,有的则与题名页和版权页放在一起。它是读者对该刊各独立文章的检索点。它的位置多数在封二或正文前,个别的也有在正文后的。目次页上的排列页目是列举文章题名,然后表明作者及页码。目次页中各文章的排列方法有两种,常用的是按照页码的先后,另外一种是按照文章的内容或按栏目排列。为了清楚起见,分栏目的期刊,或以粗线将不同的栏目分开,或者直接加强栏标题。一般情况下,期刊常设有各期固定的常设栏目,或者几期变换的交替栏目,所有这些都能从目次页上体现出来。为了方便国外读者,有的期刊将目次页译成另一种文字,这就是外文目次。外文目次有的放在目次页的背面,也有的放在期刊的最后。

(5)正文

正文是期刊的主体,一种期刊质量的优劣关键在于期刊正文的质量。期刊正文通常是由多位作者的不同文章组成的整体,但也有较少的内部刊物一期只刊载一位作者的文章。为了提示作者、方便阅读,部分期刊在正文的开始特约文章,介绍本期热点话题,或者编辑了按语或作者提示。

正文的版式有三种:一是凡能排满整版的文章依次顺排;二是对难以排满整版的文章采用衔接版心,即将甲作者文章的前部分排于某页上半部,其余部分另页接起;或者乙作者文章后部分接甲作者文章留下的空白处,并做"接…页"标记,期刊管理人员在指导读者阅读时,对此情况应给予提示;三是对不能排满版心的空白一般都安排刊载约稿、启事、动态或者简单图案等,做"补白"处理。对于期刊管理人员来说,"补白"不能放过,它往往包括编辑者的重要信息。有的期刊正文附作者简介,以方便读者与作者的联系;有的期刊正文每页刊眉上都标有题名、卷期,以便复印与剪裁。

正文页码的编排有五种情况:第一,正文独立编页码;第二,目次页、版权页甚至封面等连在一起编页码;第三,各期独立编页码;第四,一年或一卷统一编页;第五,既有全年或一卷的总页码,又有该期的分页码。

(6)累计索引

累计索引是将某一阶段(一年或数年)的若干期文本题名、责任者及刊期、页码等按一定的顺序编排起来的阶段索引。它大部分情况分栏编排,构成阶段性总目次。它的作用是更加方便查检阅读。它的位置通常是在某年最末一期或者次年最早一期的封三前。目前,国内外多数学术期刊都有年度累计索引。在利用时,应向读者重点推荐。有些动态性期刊或核心期刊,常常在一定的刊期连载本学科的论文要目,有的甚至以散页的形式出现,管理人员要注意装订,加强管理,防止散失。

(7)封三

封三是期刊封底的反面。大多数期刊的封三是广告,少数刊登读者、启事、图片、版权页等。

(8)封底

封底是期刊的最后一项,它与封面连接折叠而成。封底除起提示作用外,就是与封面一起对期刊起到保护作用。封底的内容有征订启事、广告、约稿、图片、版权页等。个别期刊封底是"白板",或者直接印刷正文,即无封底。

(9)版权页

版权页记载了该期刊编辑出版的有关情况。通常版权页包括期刊题名、责任者、卷期、印刷单位、出版时间、期刊代号、发行部门及定价等,有的还印有创刊时间。它的位置多数在封底上,也有的在封二、封三、目次或题名页背面。版权页是期刊登记、分类、编目的重要信息依据。

(10)刊背

刊背是封面和封底的连接部分,"骑马订"的期刊没有刊背,"折叠订"的期刊才有刊背。通常刊背较厚的期刊,在刊背上都印有题名、卷期、总期号以及编辑出版单位等。当封面、题名页、版权页的说明或记录出现歧义时,刊背的参考价值就突出地体现出来。

2. 期刊的要素

所谓期刊的要素是指除了版式结构以外的各个主要组成部分。这些要素,再加上版式结构,就构成了一种完整的期刊,认识和了解期刊的组成要素,是识别期刊、了解期刊的重要环节,也是做好期刊管理与服务工作的基本要求。

(1)题名

题名,对于期刊来说又称刊名,是人们对每种期刊的命名,也是识别期刊的主要标识。期刊题名分期刊的正题名、并列题名、副题名等。

(2)责任者

责任者是指对期刊负有责任的团体和个人,就是我们通常所说的主办者、编辑者、出版者和发行者等。

(3)版本

期刊版本,这里是特指说明期刊版本类型的文字,包括地区(如北京版、农村版等)、特殊内容版(如社会科学版、自然科学版等)、特殊版式或外形的版(如缩微版、电子版等),文种版(如中文版、英文版等)和时间版(如周末版、星期版等)。

（4）刊期

刊期，又称"期率""出版频率"等，是指期刊出版周期或间隔时间的长短，可以分为周刊、旬刊、双月刊、季刊、半年刊和年刊等。表示方法有以下几种：

①在期刊的适当位置用文字标明，如《人民文学》（月刊）。

②刊期含在刊名中，如《北京周报》《新华月报》。

③用出版时间序列表示，如月刊用"某年某月号"表示；季刊用"春、夏、秋、冬"表示。

④刊期提示在出版日期中，如"每周逢二、五出版"是"周二刊"；"每月5日、15日、25日出版"是"旬刊"；"逢双月10日出版"是"双月刊"。

《人民文学》

《新华月报》

（5）出版序列

期刊的出版序列，包括数序和时间。它有三种情况；一是既有数序，也有时序，如"2006年第5期""2006年6卷3期"等；二是只有数序无时序，如"6卷3期""5辑""总第128期"等；三是只有时序无数序，如"2006年5月号""2006年春"等。这里，数序是指期刊出版连续时所给的数字顺序。期刊的数序通常有卷、期、辑等。卷与期是经常连续的。时序是指连续出版时所给的时间顺序。时序的单位通常有年、月、日。

（6）刊号

刊号是指期刊的代号。期刊的刊号主要包括两个：一个是国际期刊号；另外一个是中国标准刊号。关于这两个号码我们在下面将做详细的介绍。

（7）邮发代号

我国多数期刊都是交给邮局发行的，由邮局给予期刊编制代号，这种代号称为邮发代号。它是由地区号、种次号两部分组成，中间用横线"—"隔开。一个地区有相连的两个代号，单号为报纸，双号为期刊。

五、国际标准期刊号 ISSN

国际标准期刊号，即在期刊的每期上标明的 ISSN 号，它是国际标准连续出版物编号的简称。ISSN 是由国际连续出版物数据系统（简称 ISSN）对各国参加这一系统的连续出版物所分配的一个固定不变的标准号码，这一号码用于过去已经出版、现在正在出版和将来还出版的期刊，但对合并改名者则另行编号，不再沿用旧号。

国际标准期刊号以 ISSN 为前缀，后面跟着八位数字组成。前七位是标准号，表示期刊的顺序号，完全按先后顺序编列而成，没有其他含义，最后是供电子计算机校对差错用的校验码。为了便于阅读和书写，前四位与后四位之间用短横"—"连接。由于 ISSN 仅仅是个流水登记号，不能反映国别和类别，为了弥补不足，一些国家在实际应用时，在 ISSN 前加上了国家代号，如美国 US，英国 UK，法国 FR，我国是将其与中国统一刊号配合使用。

国际标准期刊号的组成，在形式上是2段，实际上是3段，最后一位数字是供给计算机校对差错的校验码。例如,《读者》的ISSNI005—I805中,"I005"为第一段;"I80"为第二段,后面的"5"是校验码。

凡是公开发行并在政府有关出版部门注册登记,有期刊登记证号的期刊,均可向国际连续出版物数据库的中国国家中心申请获取ISSN号。而且ISSN号因印在期刊的明显位置,当期刊改名时,应该重新申请。ISSN一经取消,便永远不能再用。

ISSN的作用有很多方面,但常用的就是两个,一个是识别题名的作用,另一个是检索的作用。这是因为ISSN是唯一的,它和期刊名称是一一对应的关系,即一个ISSN对应一个期刊题名,因此只要我们知道了ISSN号,就可以查出这个号所对应的期刊的题名。

六、中国标准刊号

中国标准刊号是由国家技术监督局批准,自1989年7月1日起在全国实施的。它由国际标准期刊号ISSN和国内统一刊号CN两部分组成,其格式为:

ISSN……—…… CN ..—……/YY

例如:《读者》的中国期刊号是:

ISSN1005—1805 CN62—1118/Z

国内统一刊号的格式为:

CN 期刊登记号/分类号

国别代码是国家编码的组织赋予每个国家的一个唯一的代码,中国的国别代码是"CN"。期刊登记号是国内统一刊号的主体,它由6位数字构成,其中包括地区代号2位数,序号4位数。上例中"62—1118"就是期刊登记号,"62"是地区代号,"1118"是序号。分类号由"/"号隔开,是补充成分,用来标明期刊的专业学科范畴。地区代号是依据国家标准中《中华人民共和国行政区划分代码》(GB2260—84)取的。中国标准期刊号更加科学,更加严密,既面向国际,又面向国内,更具有中国特色,符合中国的国情,为统一排架、期刊登记排序创造了有利条件,也为计算机管理提供了迅速、准确的检索手段。

第四章　农家书屋业务工作

本章结合农家书屋的现状,将图书馆学基本原理和基本知识运用于农家书屋,同时根据我们长期的图书馆工作实践,总结出适合农家书屋的业务工作体系。通过本章学习,农家书屋管理员可以对要从事的管理工作有一个基本了解。

第一节　出版物的整理

一、怎样接收图书

当出版物送到村里时,书屋管理员应要求村干部或相关人员一起(至少两人),共同做好接收工作。

(1)首先对图书进行清点验收。目前,很多地方在给农家书屋配书时都会附带一份书目配送清单,清单上会列出所有配送图书的书名、价格、出版单位、数量等内容。管理员要对照清单认真核对,检查图书是否够数,还要从中抽查部分图书,看看实际配书与清单上是否一致(比如清单上有《新华字典》,而送过来的书中没有,就要问明情况),顺便检查图书的印刷、装订有没有质量问题。如果没有配书清单,管理员应要求送书人员给出该批图书的准确册数,然后清点数量,并要求送书人员将配书清单随后寄来,以便核对。

(2)清点验收完毕后,交接双方要签字留据。管理员要留下配送单位和人员的联系方式,以便发现图书存在问题时及时联系,做出相应的处理。

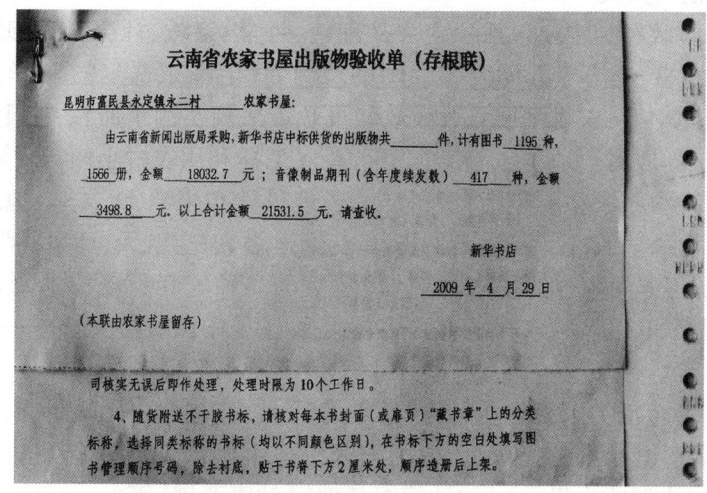

农家书屋图书发货清单

农家书屋图书配送清单

（3）最后建立图书接收登记表，注明接收日期、送书单位、图书册数、金额及接收人等信息，并将书目配送清单附在登记表后，作为公共财产账目。如果没有配书清单，管理员可以在对图书进行分类、编号、登记之后(详见第三节),将图书登记簿妥善保管留存,作为凭证。

图书接收登记表基本格式

日期	送书单位	图书数量(册)	金额(元)	接收人签字	备注
2011.3.23	市图书馆	1520	19865	张三、李四	
2011.4.2	市新华书店	1200	15050	张三、李四	
……					
……					

二、怎样对图书进行分类

对图书进行分类,既便于读者按需查找,也便于管理员管理图书。农家书屋根据实际情况,一般把图书分为政经、科技、生活、文化、少儿、其他六大类。

(1)政经类主要包括社会主义理论、哲学、宗教、社会科学、政治、法律、军事、经济等方面内容的图书。例如《毛泽东选集》《科学发展观学习读本》《农村基层党风廉政建设政策法规实用手册》《中国大趋势》《最新农村土地承包法律实用问答》《怎样利用农村小额贷款》等。

(2)科技类主要包括自然科学、数理科学和化学、天文学、地球科学、生物科学、农业科学、工业技术、交通运输、航空航天、环境科学、安全科学等方面内容的图书。例如《超级稻品种配套栽培技术》《冬季农业生产100问》《农村电工实用技术入门》《中国科普文选——生命探秘》等。

(3)生活类主要包括医药、卫生,以及体育、文娱、烹饪、服饰、家居等生活常识类图书。例如《中国家庭应急手册》《百姓小伤病自我防治》《二十四式太极拳》《钩针编织基础》《健康菜谱》等。

(4)文化类主要包括文化、教育、语言、文字、文学、艺术、历史、地理等方面内容的图书。例如《三国演义》《长征》《一本书读懂中国历史》《中国地理1000问》《中国戏曲》《中国民俗史话》等。

(5)少儿类主要包括各类图书中以少年儿童为读者对象的图书。

例如《中国儿童百科全书》《十万个为什么》《喜羊羊与灰太狼》《大科学家讲的小故事》《让青少年一生受益的哲理故事》等。

（6）其他类主要包括字典、词典、年鉴、地图类图书，或无法确定类别的图书。例如《新华字典》《现代汉语词典》《牛津英汉双解小词典》《中国地图册》、地球仪等。

现将农家书屋的六大类图书与"中图法"的22类图书对照如下：

农家书屋分类法与中国图书馆分类法对照表

农家书屋分类法	中国图书馆分类法
政经类	A B C D E F
科技类	N O P Q R S T U V X
生活类	各类别中内容以生活常识为主的图书
文化类	G H I J K

农家书屋分类法	中国图书馆分类法
少儿类	各类别中以少儿为读者对象的图书
其他类	Z

在分类时，图书的书名、前言、内容简介、目录所提供的信息都可以帮助管理员了解图书的内容，判断图书的类别。管理员还可以参考图书版权页上标注的图书类别或者封底标注的"建议上架类别"等来判断图书类别。对接收的全部图书逐一分类，分拣放置，为下一步的整理做好准备。

附一：《中图法》的22个大类及其二级类目

A 马克思主义、列宁主义、毛泽东思想、邓小平理论

B 哲学、宗教　　　　　C 社会科学总论

D 政治、法律　　　　　E 军事

F 经济　　　　　　　　G 文化、科学、教育、体育

H 语言、文字　　　　　I 文学

J 艺术　　　　　　　　K 历史、地理

N 自然科学总论　　　　O 数理科学和化学

P 天文学、地球科学　　Q 生物科学

R 医药、卫生　　　　　S 农业科学

T 工业技术　　　　　　U 交通运输

V 航空、航天　　　　　X 环境科学、安全科学

Z 综合性图书

A 马克思主义、列宁主义、毛泽东思想、邓小平理论

A1 马克思、恩格斯著作

A2 列宁著作

A3 斯大林著作

A4 毛泽东著作

A49 邓小平著作

A5 马克思、恩格斯、列宁、斯大林、毛泽东、邓小平著作汇编

A7 马克思、恩格斯、列宁、斯大林、毛泽东、邓小平生平和传记

A8 马克思主义、列宁主义、毛泽东思想、邓小平理论的学习和研究

B 哲学、宗教

B0 哲学理论

B1 世界哲学

B2 中国哲学

B3 亚洲哲学

B4 非洲哲学

B5 欧洲哲学

B6 大洋洲哲学

B7 美洲哲学

B80 思维科学

B81 逻辑学（伦理学）

B82 伦理学（道德哲学）

B83 美学

B84 心理学

B9 宗教

C 社会科学总论

C0 社会科学理论与方法论

C1 社会科学概况、现状、进展

C2 社会科学机构、团体、会议

C3 社会科学研究方法

C4 社会科学教育与普及

C5 社会科学丛书、文集、连续性出版物

C6 社会科学参考工具书

[C7]社会科学文献检索工具书

C79 非书资料、视听资料

C8 统计学

C91 社会学

C92 人口学

C93 管理学

[C94]系统科学

C95 民族学、文化人类学

C96 人才学

C97 劳动科学

D 政治、法律

D0 政治学、政治理论

D1 国际共产主义运动

D2 中国共产党

D33/37 各国共产党

D4 工人、农民、青年、妇女运动与组织

D5 世界政治

D6 中国政治

D73/77 各国政治

D8 外交、国际关系

D9 法律

DF 法律

E 军事

E0 军事理论

E1 世界军事

E2 中国军事

E3/7 各国军事

E8 战略学、战役学、战术学

E9 军事技术

E99 军事地形学、军事地理学

F 经济

F0 经济学

F1 世界各国经济概况、经济史、经济地理

F2 经济管理

F3 农业经济

F4 工业经济

F49 信息产业经济

F5 交通运输经济

F59 旅游经济

F6 邮电通信经济

F7 贸易经济

F8 财政、金融

G 文化、科学、教育、体育

G0 文化理论

G1 世界各国文化与文化事业

G2 信息与知识传播

G3 科学、科学研究

G4 教育

G8 体育

H 语言、文字

H0 语言学

H1 汉语

H2 中国少数民族语言

H3 常用外国语

H4 汉藏语系

H5 阿尔泰语系(突厥—蒙古—通古斯语系)

H61 南亚语系(澳斯特罗—亚细亚语系)

H62 南印系(达罗毗荼语系、德拉维达语系)

H63 南岛系(马来亚—波利尼西亚语系)

H64 东北亚诸语言

H65 高加索系(伊比利亚—高加索语系)

H66 乌拉尔系(芬兰—乌戈尔语系)

H67 闪 – 含语系(阿非罗—亚细亚语系)

H7 印欧语系

H81 非洲诸语言

H83 美洲诸语言

H84 大洋洲诸语言

H9 国际辅助语

I 文学

I0 文学理论

I1 世界文学

I2 中国文学

I3/7 各国文学

J 艺术

J0 艺术理论

J1 世界各国艺术概况

J19 专题艺术与现代边缘艺术

J2 绘画

J29 书法、篆刻

J3 雕塑

J4 摄影艺术

J5 工艺美术

[J59]建筑艺术

J6 音乐

J7 舞蹈

J8 戏剧、曲艺、杂技艺术

J9 电影、电视艺术

K 历史、地理

K0 史学理论

K1 世界史

K2 中国史

K3 亚洲史

K4 非洲史

K5 欧洲史

K6 大洋洲史

K7 美洲史

K81 传记

K85 文物考古

K89 风俗习惯

K9 地理

N 自然科学总论

N0 自然科学理论与方法论

N1 自然科学概况、现状、进展

N2 自然科学机构、团体、会议

N3 自然科学研究方法

N4 自然科学教育与普及

N5 自然科学丛书、文集、连续性出版物

N6 自然科学参考工具书

[N7]自然科学文献检索工具

N79 非书资料、视听资料

N8 自然科学调查、考察

N91 自然研究、自然历史

N93 非线性科学

N94 系统科学

[N99]情报学、情报工作

O 数理科学和化学

O1 数学

O3 力学

O4 物理学

O6 化学

O7 晶体学

P 天文学、地球科学

P1 天文学

P2 测绘学

P3 地球物理学

P4 大气科学(气象学)

P5 地质学

P7 海洋学

P9 自然地理学

Q 生物科学

Q1 普通生物学

Q2 细胞生物学

Q3 遗传学

Q4 生理学

Q5 生物化学

Q6 生物物理学

Q7 分子生物学

Q81 生物工程学(生物技术)

[Q89]环境生物学

Q91 古生物学

Q93 微生物学

Q94 植物学

Q95 动物学

Q96 昆虫学

Q98 人类学

R 医药、卫生

R1 预防医学、卫生学

R2 中国医学

R3 基础医学

R4 临床医学

R5 内科学

R6 外科学

R71 妇产科学

R72 儿科学

R73 肿瘤学

R74 神经病学与精神病学

R75 皮肤病学与性病学

R76 耳鼻咽喉科学

R77 眼科学

R78 口腔科学

R79 外国民族医学

R8 特种医学

R9 药学

S 农业科学

S1 农业基础科学

S2 农业工程

S3 农学(农艺学)

S4 植物保护

S5 农作物

S6 园艺

S7 林业

S8 畜牧、动物医学、狩猎、蚕、蜂

S9 水产、渔业

T 工业技术

TB 一般工业技术

TD 矿业工程

TE 石油、天然气工业

TF 冶金工业

TG 金属学与金属工艺

TH 机械、仪表工业

TJ 武器工业

TK 能源与动力工程

TL 原子能技术

TM 电工技术

TN 电子技术、通信技术

TP 自动化技术、计算机技术

TQ 化学工业

TS 轻工业、手工业、生活服务业

TU 建筑科学

TV 水利工程

U 交通运输

U1 综合运输

U2 铁路运输

U4 公路运输

U6 水路运输

［U8］航空运输

V 航空、航天

V1 航空、航天技术的研究与探索

V2 航空

V4 航天(宇宙航行)

［V7］航空、航天医学

X 环境科学、安全科学

X1 环境科学基础理论

X2 社会与环境

X3 环境保护管理

X4 灾害及其防治

X5 环境污染及其防治

X7 行业污染、废物处理与综合利用

X8 环境质量评价与环境监测

X9 安全科学

Z 综合性图书

Z1 丛书

Z2 百科全书、类书

Z3 辞典

Z4 论文集、全集、选集、杂著

Z5 年鉴、年刊

Z6 期刊、连续性出版物

Z8 图书报刊目录、文摘、索引

附二:农业科学类目表

类目名称:　　类目简表

S　　　　　S-0 一般性理论

S－01 农业科学研究方针、政策及其阐述

S－02 农业哲学

S－03 农业科学研究方法

S－09 农学史

S－1 农业科学技术现状与发展

S－3 农业经济、试验

S1　　　S11 农业数学

S12 农业物理学

S13 农业化学

S14 肥料学

S15 土壤学

S16 农业气象学

[S17]农业地理学

S18 农业生物学

[S19]农业生产环境保护

S2　　　S21 农业动力、农村能源

S22 农业机械及家具

S23 农业机械化

S24 农业电气化与自动化

S25 农业航空

S26 农业建筑

S27 农田水利

S28 农田基本建设、农垦

S29 农业工程勘测、土地测量

S3　　　S31 作物生物原理、栽培技术与方法

S32 作物品种与种质资源(品种资源)

S33 作物遗传育种与良种繁育

S34 耕作学与有机农业

S35 播种、栽植

S36 田间管理

S37 农产品收获、加工及贮藏

S38 农产品的综合利用

S39 农产副业技术

S4   S40 动植物检疫

      S41 植物检疫

      S42 气象灾害及其防御

      S43 病虫害及其防治

      S44 鸟兽害及其防治

      S45 有害植物及其清除

      S46 其他灾害及其防治

      S47 各种防治方法

      S48 农药防治(化学防治)

      S49 植物保护机械

S5   S51 禾谷类作物

      S52 豆类作物

      S53 薯类作物

      S54 饲料作物、牧草

      S55 绿肥作物

      S56 经济作物

      S58 野生植物

      S59 热带、亚热带作物

S6   S60 一般性问题

      S61 苗圃学

      S62 设施园艺(保护地栽培)

      S63 蔬菜园艺

      S65 瓜果园艺

      S66 果树园艺

      S68 观赏园艺(花卉和观赏树木)

S7	S71 林业基础科学
	S72 造林学、林木育种及造林技术
	S73 绿化建设
	S75 森林经营学、森林计量学、森林经理学
	S76 森林保护学
	S77 森林工程、林业机械
	S78 森林采运与利用
	S79 森林树种
S8	S81 普通畜牧学
	S82 家畜
	S83 家禽
	S85 动物医学(兽医学)
	S86 狩猎、野生动物驯养
	S87 畜禽产品的综合利用
	S88 蚕、桑
	S89 养蜂、益虫饲养
S9	S91 水产基础科学
	S92 水产地区分布、水产志
	S93 水产资源
	S94 水产保护学
	S95 水产工程
	S96 水产养殖技术
	S97 水产捕捞
	S98 水产物运输、保鲜、贮藏、加工、包装

三、怎样对图书进行编号并登记

1.编号

给图书编上号码,使每本书都有一个对应的位置,这是农家书屋管理中非常重要的一项工作。图书按照编号摆放,既便于查找,也便于图书归还时,管理员能够按照编号找到它在书架上的对应位置,避免图书随意摆放甚至丢失的情况发生。图书编号的基本格式是:"图书类别名称+图书序号"。如果某个农家书屋里面有120种政经类图书,书屋管理员可以将这部分图书依次编为:政经类001、政经类002……一直排到政经类120(编号时注意将同一类别中同一家出版社的书排在一起,如果图书有复本,应放在一起,顺号排序)。如果今后再有新书补充,就把新书中的政经类图书接着

图书分类登记簿

这个序号排下去。有的管理员习惯拿字母或数字表示图书类别,比如用A-001来给政经类图书编号,或者用2-001来给科技类图书编号,但基本方法是一样的。重要的是要区分清楚、简单明了,这样别人接手管理农家书屋时,也能很快明白并且方便工作。

农家书屋出版物登记簿

编号	书名	出版单位	类别	定价(元)	数量(册)	赠送单位	备注
A-1	做最好的自己	人民出版社	政经类	28.	1		
A-2	幸福书	人民出版社	政经类	30.	1		
A-3	毛泽东晚年	人民出版社	政经类	3.	1		
A-4	国际时代精神	天津人民出版	政经类	29.	1		
A-5	和谐社会理论创新问答	山东人民出版	政经类	9.	1		
A-6	新闻老照片的背后	新华出版社	政经类	38.	1		
A-7	芝加哥大使	湖北人民出版社	政经类	28.	1		
A-8	可亲的小车创业	中国经济出版社	政经类	29.80	1		
A-9	农村进城务工常识法律知识问答	法律出版社	政经类	15.	1		
A-10	农村土地政策·300问	金盾出版社	政经类	13.	1		

农家书屋图书登记簿

2. 登记

编号完成后,管理员应该将每本书的详细信息记录在专门的图书登记簿上。登记图书工作量较大,但是非常必要,一是给书屋里的所有图书建立账目,有据可查;二是能够对书屋里的图书有个大致的了解,便于上手管理。管理员可以参照下面的表格制作图书登记簿。如果已经随书配发了登记簿,按照格式填写就可以。

农家书屋图书登记簿格式

编号	书名	出版社	价格	备注
政经类				
政经类 001	中国民间习惯法则	人民出版社	16.00	
政经类 002	走进农民工	人民邮电出版社	9.80	
政经类 003	劳动合同法百姓读本	人民出版社	16.00	
政经类 004	中国农村改革纪事	人民出版社	35.00	
政经类 005	农产品市场营销	教育出版社	12.90	
	......			
科技类				
科技类 001	稻谷及玉米标准实施指南	中国农业出版社	15.00	
科技类 002	自然灾害与农业避险	科学普及出版社	10.00	
科技类 003	鸡鸭鹅病防治图册	教育出版社	15.00	
科技类 004	农药安全实用知识	人民出版社	15.00	
科技类 005	农药安全实用知识	人民出版社	8.00	
科技类 006	联合收割机使用维修图解	科学普及出版社	15.00	
	......			

四、怎样给图书贴标签并加盖藏书章

1. 贴标签

在图书上架之前,管理员应该给每本书贴上标签,标签上注明这本书的编号。这项工作可以与图书的编号、登记同时进行,拿出一本书,一边编号,一边登记,一边就可以贴上标签,这样能够提高效率,而且不容易出错。

给图书贴标签

　　标签应贴在书脊的下半部,并尽量不要遮住书脊上出版社的名称,以便于上级部门检查。有的地方在配书时已经附带了标签,管理员只需贴在书脊上并标明编号即可。如果需要自己准备,可以在文具店购买空白标签,或者自己动手制作,裁剪同样大小的纸条,注明编号,用透明胶带贴在书脊上即可。这里提供一个小窍门供管理员参考,在书脊处贴标签时,可以采用不同颜色的标签,以区分图书类别。例如政经类图书贴红色标签,科技类图书贴绿色标签,生活类图书贴黄色标签,文化类图书贴蓝色标签,少儿类图书贴橙色标签,其他类图书贴紫色标签等,这样就能一目了然。

　　2. 盖藏书章

　　在贴标签的同时,应尽可能给图书盖上藏书章,或是贴上能够明显体现农家书屋的标识。管理员可以自己设计藏书章的样式,在图书的封皮、扉页、封底或切口上盖上章。

盖有藏书章和贴有标识的图书

五、怎样将图书摆放上架

以上几项工作完成后,图书就可以摆放上架了。管理员应按照图书分类,把书架分成相应的六块区域,在每一个区域的书架上方标明这部分图书的类别名称。在同一区域的书架上,按照格层从上到下摆放,每一格层里按照图书编号顺序从左到右排列。图书摆放时要把书脊朝外,便于读者查找。

音像制品的整理方法和图书基本一样,因为农家书屋配备的音像制品数量较少,整理工作相对简单,管理员只需对音像制品统一编号,贴上标签,摆放在一起即可。报刊的管理与图书、音像制品不太相同,下一章我们会有专门的介绍。

图书分类上架

六、怎样对捐赠图书进行管理

随着农家书屋建设规模的不断扩大,社会各界越来越多地关注并参与到农家书屋建设中来,其中最常见的做法就是捐赠图书。因此,农家书屋管理员有必要知道如何对捐赠图书进行管理。

(1)捐赠图书要与新闻出版部门统配的图书分开放置,能够很明显地区分开来。农家书屋出版物的主体是政府采购的新书,这些图书是针对农民需要严格挑选出来的,而一些捐赠图书在内容的时效性、适用性、针对性上可能还达不到统配图书的水平,只能是对统配图书的一种补充。所以要将两部分图书分开放置,以便于管理。

(2)对捐赠图书也要按照前面讲到的方法进行清点、分类、编号、登记。如果捐赠图书数量较少,可暂时不进行分类、编号,只需清点并登记在册即可。等捐赠的图书达到一定数量规模时,再统一进行分类、编号。

（3）捐赠图书中如有内容陈旧、过时或者不适合农民阅读的，要下架处理。这些图书摆在书架上，既没有多大用处，还会影响农家书屋的总体质量。

（4）捐赠图书如果复本过多（同样一本书重复的册数很多），要及时与当地新闻出版部门联系，在邻近的农家书屋之间进行统筹调配。这样能够避免资源闲置，让这部分图书更好地发挥作用。

七、怎样识别盗版和非法违禁出版物

农家书屋管理员一定要学会怎样识别盗版出版物和非法违禁出版物，绝不能使其流入农家书屋。

1. 辨别出版物是否为盗版和非法违禁出版物的基本方法是检查书号、刊号、光盘 SID 码（光盘生产来源代码，一般蚀刻在光盘中间的圆圈上），如果没有相应号码或者号码有误，就可以判断其为盗版和非法违禁出版物。

2. 一般来说，盗版图书总体印刷质量较差，容易辨认，表现在用纸差（纸张偏薄、纸质较脆、纸张颜色发黄或发灰）、装订质量差、墨色不匀、色相偏差、图像模糊、文字内容差错较多、排版较差等。

3. 国务院颁布新修订的《出版管理条例》规定，任何出版物不得含有以下内容：

①反对宪法确定的基本原则的；

②危害国家统一、主权和领土完整的；

③泄露国家秘密、危害国家安全或者损害国家荣誉和利益的；

④煽动民族仇恨、民族歧视，破坏民族团结的，或者侵害民族风俗、习惯的；

⑤宣扬邪教、迷信的；

⑥扰乱社会秩序，破坏社会稳定的；

⑦宣传淫秽、赌博、暴力或者教唆犯罪的；

⑧侮辱或者诽谤他人，侵害他人合法利益的；

⑨危害社会公德或者民族优秀文化传统的；

⑩有法律、行政法规和国家规定禁止的其他内容的。

以上是识别出版物是否为非法违禁出版物的最重要的标准。如果管理员发现出版物含有上述内容，或是发现可疑但自己不能确定的，要立即与当地新闻出版部门联系，由新闻出版部门审核处理。

八、怎样做好报刊借阅管理

农家书屋的图书是一次性配送到位，而报纸、期刊则是每隔一定时期就会有新的送来，所以在管理方式上有所不同。农家书屋报刊管理主要有以下几个方面：

1. 报刊的接收

管理员应该将农家书屋订阅的每一期报刊的接收情况都记录下来，一定要注意不能漏掉任何一期。如果遇到投递不及时或是没有收到，要及时向当地新闻出版部门或邮政部门反馈。登记时，管理员可以直接记录接收的日期和刊期，也可以提前做好表格，收到报刊后，在对应的刊期下面打"√"。下面提供报刊登记表的几种基本格式。

农家书屋报纸接收登记表基本格式（一）

	1月			2月			3月			4月			5月			6月		
	上	中	下	上	中	下	上	中	下	上	中	下	上	中	下	上	中	下
《半月谈》半月刊	√		√	√	√	√												
《人物》月刊		√		√														
《大家》旬刊	√	√	√	√	√	√	√	√	√									
……																		
……																		

农家书屋期刊接收登记表基本格式（二）

名称:《农民日报》刊期:日报										
1 月	1	2	3	4	5	6	7	8	9	10
	√	√	√			√	√	√	√	
	11	12	13	14	15	16	17	18	19	20
	21	22	23	24	25	26	27	28	29	30	31
		√		√	√		√	√			
2 月	1	2	3	4	5	6	7	8	9	10
	11	12	13	14	15	16	17	18	19	20
	21	22	23	24	25	26	27	28			
……										
……										

农家书屋期刊接收登记表基本格式（三）

报刊名称	刊期	接收记录
农家书屋	月刊	2012.1.8 收到第一期 2012.2.10 收到第二期 2012.3.8 收到第三期 ……
半月谈	半月刊	2012.1.9 收到第一期 2012.2.12 收到第二期 ……
……	……	……

2. 报刊的摆放

报纸、期刊最好有专门的报架和期刊架来摆放。有的书屋条件有限,没有配备报刊架,管理员应该把报刊按品种摆放在书屋里面合适的位置。

报刊的摆放

3. 报刊的阅览

农家书屋的报刊一般不允许带出,村民应在书屋里阅览,阅览完毕后要放回原处。对报刊中一些重要的新闻或实用信息,管理员可以摘抄在村里公共场所或书屋外面的黑板报上,方便村民了解。

4. 过报过刊的管理

由于报刊具有很强的时效性,管理员要学会管好过期的报刊。管理过期报纸一般有两种方法,一种方法是将过期报纸做成合订本(每种报纸分别合订),一般来说,每季度或每半年整理一次(视刊期而定),合订成册。一种方法是做成剪报,每季度清理一次,将报纸上有用的信息剪下来,贴在一个本子上。剪报下面要注明所剪报纸的名称、年月日,以便必要时查找。管理员还可以根据内容,将剪报分成政策法律、生活常识、致富信息等类别,分册粘贴。管理过期期刊的主要方法是制成合订本,管理员可以根据刊期和杂志的厚度按半年、全年分册进行合订。

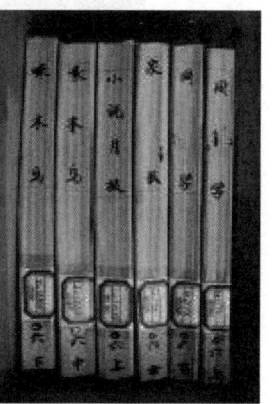

农家书屋期刊合订本与简报

九、怎样保证农家书屋开放时间

按照新闻出版总署的要求,农家书屋每周开放时间不能少于5天,每天开放时间不能少于4个小时。书屋管理员可以根据本村的实际情况和农忙农闲等不同季节,调整开放时间。农忙季节可以减少白天的开放时间,适当增加晚上的开放时间。农闲季节可以适当增加开放时间。寒暑假要增加开放时间,满足学生的阅读需求。遇到春节等重要节假日,要争取做到天天开放。管理员要把开放时间张贴在书屋门口,明确告诉村民什么时候可以来借阅,并且要严格保证开放时间。有条件的地方,可以将自己的联系方式张贴在书屋门口,这样村民有需要时可以随时联系。

农家书屋开放时间

第二节　农家书屋业务工作内容

在目前情况下,农家书屋的主要业务工作有两大方面,即农家书屋的藏书建设和农家书屋的读者服务。

一、农家书屋的藏书建设

农家书屋的藏书工作是开展各项业务工作的基础和前提,没有这个基础,其他一切工作都无法开展。因此,农家书屋的藏书建设十分重要。

农家书屋在进行藏书建设时应该抓住以下几个主要工作。

1. 确定藏书结构

藏书结构是指构成农家书屋藏书的各个分支所占的比例,即整个藏书中各个组成部分分别占多少比例。

(1)藏书的学科结构

指藏书的内容,按所属学科、专业统计各学科图书所占比重。根据图书分类法,统计藏书所属学科、专业范围,粗略地以社会科学、文学艺术、自然科学、工程技术、综合性图书等几个大类统计。如某农家书屋藏书 5000 册,其中社会科学类占 35% ,自然科学类占 10% ,文学艺术类占 40% ,综合性图书占 15% 。

(2)藏书的知识层次结构

指农家书屋藏书内容的层次以及每个层次在藏书总量中分别占有多少比例。内容层次一般来说指有的图书适用于一般文化教育、有的图书适用于娱乐消遣、有的图书适用于指导农业生产等。图书界常把藏书的知识层次结构分为完整级、研究级、学习级、基础级、最低级。根据目前农家书屋的现状,其藏书不可能达到完整级和研究级,也没有必要达到这一级别,可以只考虑学习级(大学水平)、基础级(一般文化教育)和最低级(文化消遣和科普读物)。

(3)藏书的类型结构

藏书的类型结构是指各类图书所占的比重。目前,图书的种类很多,有印刷型图书、电子型图书、数据库和网络资源等。对于农家书屋来说,由于其读者是以村民为主,所以在收集图书时以印刷型图书为主,能提供计算机服务的,可以同时适当收集一些相应的电子读物,其他类型的资源可以暂时不纳入收藏范围。

(4)藏时的时间结构

收藏的图书中按出版时间的先后划分几个时间段,每个时间段的图书在馆藏数量中各占多少比例。例如某个农家书屋收藏图书 5000 册,近 3 年内出版的占 50% ,3—5 年出版的占 40% ,5 年以上的占 10% 。如果是这样的比例,那么这个农家书屋的藏书就具有一定的时效性,能较好地满足读者对新知识的需求。

(5)藏书的语言结构

指藏书中各种语言的图书所占的比例。由于农家书屋的读者对象主要是附近的乡村居民,因此只收藏汉语言文字的图书即可,如果是少数民族地区,可以兼收藏当地民族语言文字图书,同时可以适当收藏一些供学习使用的外语工具书。

2. 制定藏书框架

农家书屋的藏书建设工作首先要确立藏书结构的框架。制定这个框架的基本依据就是藏书体系的功能。通常,农家书屋的基本功能是为本地的农业生产服务,为提高群众的文化素质、丰富群众的文化生活服务。不同地区的农家书屋功能可能有所侧重,例如有的考虑当地的种植、养殖技术,有的侧重于当地的农副产品加工业,而有的只考虑丰富群众文化生活的需要。

藏书建设的任务就是从农家书屋的藏书功能出发,针对农家书屋所在地区的经济与产业结构、群众文化基础与阅读水平,确定藏书体系框架,包括社会科学、自然科学与工程技术、文学艺术、综合参考书诸类各占多少比例;藏书所含知识水平的各个层面所占的比例;藏书类型中图书、期刊报纸、电子文献各占多少比例等。

有了这样的框架,便可以制定藏书建设实施细则,包括确定藏书组织,完成藏书建设所必需的各项工作。

3. 合理限定藏书数量,保证藏书质量

尽管农家书屋规模不大,但是总有一定数量的藏书,并构成一个藏书体系。农家书屋藏书建设工作的核心就是建成一个既有一定数量又有一定质量的藏书体系。

(1)藏书数量

藏书数量统计包括两项内容:一是藏书总量,主要是指截至某个时间农家书屋累计藏书的数量;二是藏书增长量,指在一定的时间范围内,农家书屋净增的藏书数量。藏书数量曾一度被作为图书馆评估的重要指标之一,各类图书馆的评估工作都把图书馆藏书数量指标放在了重要的位置。后来随着网络技术的发展,电子资源数量急剧增加,藏收量又包含了电子资源的数量。对于农家书屋来说,由于其主要是收藏印刷图书,所以藏书数量仍然是评价一个农家书屋的重要指标。但并不是说农家书屋藏书数量越多越好,如果农家书屋的藏书数量累计量过大,一是导致藏书空间紧张,不便于管理;二是藏书累计量过高,影响藏书的时间结构,大量出现年代过久的图书,从而影响图书的利用率,也给读者检索、使用藏书增加不便。所以农家书屋不要无限地发展藏书数量,当藏书量达到一定规模后,要适当控制藏书的增长速度,并通过剔出旧书,使藏书数量保持在一个稳定状态,这样才有利于农家书屋的发展。

(2)藏书质量

藏书质量是深层次的问题,作为农家书屋来说,藏书质量可以从这样几个方面考虑:一个是藏书内容的知识价值,即内容是否是知识含量丰富而且适用。另外一个是藏书的构成质量,即藏书体系的构成是否科学合理。

藏书质量和藏书数量是一个矛盾的两个方面,农家书屋的藏书既要有适当的数量,还要有较高的质量,这样才能保证为读者提供既有数量又有质量的文献服务。

为了正确处理藏书数量和藏书质量的矛盾,农家书屋在藏书建设中要预先设定一定数量的藏书规模,即"藏书保障率"。例如,如果农家书屋服务对象是 500 名读者,为了保证每个读者有 10 册藏收,则藏书数量规模可定为 5000 册。在数量有了基本保证的基础上,再从质量上下功夫,提高服务质量和阅读效果。

4. 藏书品种与复本

藏书品种与复本是藏书体系、藏书结构中的具体问题,它同藏书质量的高低、藏书结构的合理程度直接相关。对于农家书屋来说,由于目前的藏书中赠送图书占了相当大的比例,因此藏书品种和藏书复本是农家书屋初期应当重视的问题。只有合理配置藏书品种,科学确定藏书复本,才能使农家书屋在农村建设中发挥作用,使大多数读者有书可读。这样，才能吸引更多的读者来农家书屋阅读图书。

（1）藏书品种

藏书品种指构成藏书的各个图书单元，如果农家书屋有上千册图书，就会有上千个图书单元，即上千个藏书品种。藏书品种的划分通常有两个标准，即图书内容和图书形式。

从图书内容上划分，图书品种有三种情况：一是内容完全不同的图书，例如，《现代图书馆入馆指南》《蜜蜂产品安全与标准化生产》；二是内容局部相同的图书，例如，《对虾配套养殖技术》《淡水养虾》；三是内容局部不同的图书，例如，《猪病中西医防治大全》《猪病防治基础》。这三种情况均属于不同的图书品种。

从图书形式上分，是指形式完全不同的图书，包括内容相同而形式不同的图书均属于不同的图书品种。形式完全不同的图书主要是指不同的作者、不同的出版社所出版的图书。有的图书尽管名称相同，但是作者、出版社不同便是不同品种的图书，如我们在图书管理工作中经常遇到的"同名异书"的现象就是这种情况。有时又有"异名同书"现象，例如，《脂砚斋重评石头记》与《红楼梦》实际上是同一种图书，只是出版社、出版形式不同。《红楼梦》还有其他一些名称，如《金玉良缘》《疯僧录》《风月宝鉴》等，也应该视作为《红楼梦》的同一种图书。关于同一图书的不同评点本、不同译本，一般均作为不同品种的图书处理。

（2）藏书复本

如果同一种图书收藏多册，那么第一册以外的均称复本书。我们经常说的复本量是指所收藏的每个品种单元数量，如一种图书购3册，复本量便是2。复本量的确定主要考虑现实读者的数量与构成以及限借图书的册数与期限。

（3）农家书屋藏书品种与藏书复本的关系

农家书屋品种与藏书复本的关系可以考虑以下几种情况。

第一，工具书和一些专业类的图书复本量要少，但是品种要多，即种多册少。如可以尽可能多地收藏多品种的工具书，但是这些工具书可以一种一册，这样既节省了资金，又可以满足一些读者的需求。

第二,对于读者需求较大的图书可以精选品种,但是复本量要大,品种少册数多。例如,农业技术推广类的图书、种植类图书可以精选一些图书品种,然后增加藏书复本,以满足读者需要。

第三,对于适合农村读者阅读的图书,应多一些品种,同时多一些复本,即种多册少。例如,通俗小说、文艺小说等。

第四,一些具有历史价值、保存价值的地方文献,可以少种少量地收藏一些,即种少册少。因为尽管读者较少,但是如果能收藏到一些当地的地方文献,对今后了解历史有极大帮助,应该精选品种收藏。

二、农家书屋的读者服务

1. 图书的借阅流通

已经上架的图书就可以进行借阅了。本书附带的管理系统可以满足目前农家书屋的日常管理和借阅。管理员可以采用这个系统进行管理和借阅。没有条件实行计算机管理的农家书屋可以实行手工管理,即读者在借阅图书时首先找到自己所需要的图书,然后填写借阅卡,具体的方法可以由管理员根据自己书屋的情况而定。

2. 读者教育工作

读者教育工作也是农家书屋一项重要工作,对于大部分的村民来说,农家书屋对于他们是一个新生事物,对于其收藏的图书不是十分了解,也不知道怎样借阅图书。因此农家书屋管理员要对村民进行宣传教育,向他们介绍本书屋所收藏的图书的基本情况,借阅证的办理,如何借阅图书等知识,尤其要向村民读者详细讲解书屋的规章制度并严格执行。在农家书屋开放伊始就进行严格管理,从而为农家书屋今后的发展奠定基础。

第三节　农家书屋图书分类工作程序

农家书屋管理员以前没有从事过图书分类工作,在刚开始对图书进行分类时可能会面对种类繁多的图书无从下手,其实不论什么图书都可以按照以下步骤进行分类。

一、做好图书分类准备工作

在图书分类前,要做好充分的准备工作,为图书分类创造有利条件。

1.了解农家书屋具体情况

这是做好分类的基础,在了解书屋的情况时,主要围绕以下几个方面。

(1)农家书屋的藏书规模

农家书屋的藏书规模对图书分类工作影响极大,一般来说,藏书丰富,分类要求详细些;藏书少,分类就可以粗略些。通常农家书屋的规模都不大,藏书在5000—20000册之间,属于小型的综合性农村图书馆。综合性藏书特点是指收藏的图书不具有专业性特点,分类时照顾到各类图书的平衡即可。

(2)农家书屋藏书特点与服务对象

农家书屋除了藏书具有综合性特点外,还有自己的地区性特点,当地工农业的主导产品、支柱性产业以及地方史志等都对藏书以及图书分类产生影响,使得各类图书分类的详略程度、类目选择都有所不同。不同地区的读者的阅读习惯也不相同,所以分类时这些因素都要仔细研究斟酌。

(3)农家书屋的服务方式

所谓服务方式就是农家书屋为读者提供服务的手段,这些会因地而异。有的农家书屋可以提供现代化的服务手段,有的则是传统的服务手段。如果是现代化的机读目录,一种书的分类号可以根据其涉及的有关类目多取几个分类号,以便提高查全率与查准率;如果是传统的分类目录,一种书的分类号一般只根据其主要内容取一个即可。

在分类前,了解上述情况是十分必要的,尤其是对于刚刚建立起来的农家书屋更是一项必不可少的工作。因为对于刚刚接触图书分类的农家书屋管理员来说,对图书的分类本来就比较陌生,没有太多的经验,对实际情况掌握了解得越多,对他们的分类就越有帮助。

2. 确定使用的分类法的版本

农家书屋使用分类法时通常使用《中国图书馆分类法》简本即可。在使用中可以根据自己书屋的情况进行适当的调整。

(1)确定分类的详细程度

《中国图书馆分类法》简本是以中小型综合性图书馆为对象进行编制的。当农家书屋采用这个简本进行分类时,要考虑本书屋图书分类的详细程度,即分类的深度。每个农家书屋要根据自己的实际情况、藏书特点、读者需要以及将来的发展方向,确定哪些类图书是重点收藏,哪些类图书是一般收藏,哪些类图书不收藏,然后根据这些情况规定哪些类目采用详细分类,哪些类目采用粗分,哪些类目根本不用分,并把这些规定记入本书屋的分类规则中。

确定各类详略程度时,不要过细或过粗。如果过细,会出现一个类目收书过少,甚至造成空设类目;如果过粗,会出现一个类目收书过多。在确定图书的分类详细程度时,还要结合本乡镇工农业生产状况和社会发展重点。

(2)局部集中

所谓局部集中就是根据需要将与某个学科相关的问题集中起来。由于作者著书目的与角度不同,以及大量交叉学科、边缘学科的图书日益增加,往往一部分内容相关、特征类似的图书分散在各类之中。为了将有关学科问题集中起来,可以根据交替类目来集中。如"[S9]农业经济""[S17]农业地理学"等交替类目,则可根据需要将有关农业的图书集中在"S 农业"大类,将交替符号"[ ]"去掉,作为使用类目来用。当某一乡镇有自己的特色或者优势项目时,当地的农家书屋可以使用这种方法,将有关本乡镇优势项目方面的图书统统集中起来,便于读者阅读使用。

二、图书分类工作程序

不论是哪一类图书馆,图书分类都是一项技术性很强的工作。在长期的图书分类实践过程中,图书馆界的图书分类人员总结了一套很成熟的程序,包括查重、主题分析(辨类)、归类、给分类号、审核。

1. 查重

查重是图书分类的第一个环节,其主要作用是区别这本书是复本书还是新品种的书,这是利用公务书名目录来进行的。

所谓复本,既是指一种图书收藏不止一部时,第一部之外的其他各部图书。由于图书出版情况比较复杂,有时也不容易弄清楚,一般来说,凡补充的新书具有下列情形之一者,既可作为复本处理:

(1)与原书完全相同;

(2)同一版本的各次印刷本;

(3)虽称重版、再版、新一版,但内容与原书并无差异;

(4)出版年、出版者或出版地与原书虽不同,但内容完全相同;

(5)装订册数与原书虽不同,但内容相同;

(6)同一著作、同一书名,但版次不同;

(7)同一著作、同一书名,但因特殊需要,而内容略有不同;

(8)一书的翻译、注释、索引、目录等的单行本;

(9)翻译书籍的不同译本。

图书分类通常都以种为单位,即一种书的分类号码完全相同。为了保证一种图书的各个复本不分在不同的地方,以及避免后到的复本重新分类,农家书屋管理员每收到一本新书时都需要利用公务字顺目录检查一下。如果发现是复本,即将原来的分类索书号(分类号/书次号)抄在复本的书名页上,同时在原来的卡片上加上标注。如果不是复本,则进入分类下一工作程序。

查复本时先查著者、书名,如相同,再查版本,稽核项,以及题上、题下和附注等事项,必要时与原书核对。

2. 辨类

即分析图书的内容。图书内容的学科性质、形式体裁等都是辨类的关键。如果书屋的图书是新品种图书,就要对它进行内容分析,这是图书分类的核心。分析内容时着重考虑以下几点。

(1)详审图书外表特征项

图书的外表特征一般都印在书名页上,书名页上的题名、副题名、说明文字、责任者、出版者、丛书项等,都可以称为图书的外表特征,都可以帮助我们了解图书的内容性质。一般来说,有些书名是能够确切地表达一本书的内容性质。例如,《口腔病知识》,一看书名,便知道它是关于"R 医药卫生"的图书。当一种图书版权也印有图书在版编目(CIP)数据时,可以参考其分类号。作为一种最简便的方法,使用时应当注意根据给出的分类号反推出该书的学科性质,然后完成辨类的工作程序,切忌盲目照抄 CIP 上的分类号。

(2)详审图书内容特征

图书的内容特征包括图书内容摘要、目次、序跋、导言、绪论、编者的话和出版说明等。这些可以帮助我们了解图书的内容、性质及内容重点、题材范围、科学价值等。

现代图书,一般都有"内容提要"或者"出版提要",常以精炼的文字概述图书的内容、特色、使用范围和读者对象。目次是一书的纲要,通过目次可以看出一书的结构和内容概要。

(3)参考各种可能的参考书

分类时难免会遇到一些不懂的名词、概念、语言等,要学会利用百科全书、词典、字典、手册等,还可以请教一些专家,以便把图书分类准确。

(4)涉猎全书

在条件许可的情况下,可以通读全书内容,目的就是进一步了解图书的主题以及围绕主题的有关内容,以便确定自己的分类是否准确。

3. 归类

上述工作完成后,就可以将图书归入恰当的类目。归类的要求就是根据图书的内容归入最恰当的类。

第五章　农家书屋借阅管理与读者服务

农家书屋管理工作与图书馆工作一样,图书的借阅管理与读者服务工作是一个非常重要的工作,也是农家书屋的目的所在,只不过农家书屋的读者服务工作形式简单一些,内容少一些。具体地说,农家书屋读者服务有这样几个内容:图书流通服务、宣传报道服务和导读服务、读者教育与培训服务、农家书屋的自动化管理工作。

第一节　图书流通服务

图书流通是指农家书屋根据读者的阅读需求,直接为读者提供图书的服务活动。这是农家书屋的主要服务内容。农家书屋的图书流通体现在图书外借服务和阅览服务两个方面。

一、图书外借服务

图书外借服务是农家书屋为农民读者服务过程中最常遇到、也是最熟悉的服务。它是为满足读者需求,通过正规的手续,允许读者将图书借出去进行自由阅读,并在规定的时间内归还的服务方式。

1. 图书外借的原则

农家书屋在进行图书外借时要有一定的原则,这些原则可以参照各类公共图书馆的文献外借原则。公共图书馆的图书外借原则是每个图书馆在长期的文献外借过程中总结出来的,不仅适合公共图书馆的发展需要,也为农家书屋开展图书外借工作提出了帮助和指导。在农家书屋图书外借的过程中应该主要遵循以下四个原则。

一是充分利用原则。农家书屋要千方百计吸引读者,为读者借阅图书提供方便,满足读者需求,充分发挥书屋图书的作用,满足农民阅读需求。二是主动服务原则。农家书屋的工作归根结底是为农民读者服务,方便读者利用。因此书屋的管理员要加强主动服务意识,把主动服务,全心全意为读者服务作为图书外借的最高准则。三是及时原则。由于图书在读者手中反复传递,反复流通,使得图书流通周期不确定,特别是很多农民读者遇到农忙的时候还书周期不确定,这就要求管理员讲求时间效率,督促欠书的读者及时归还图书,并能及时准确地向读者提供所需的图书,以节省读者时间。四是区别对待的原则。农家书屋的管理员所遇到的读者类型会是多等级、多方位、多层次的,有的读者需要借阅的图书数量会所有不同,有的读者借阅的时间会有所要求,如果遇到这样的读者,管理员就要具体问题具体分析,最终目的就是使书屋的图书发挥最大的作用,尽可能地满足不同读者的需要。

农家书屋借阅证

××村农家书屋借阅证

编　　号：0001

姓　　名：张　三　　性别：男　　　　照片

住　　址：村 3 小组 57 号

联系方式：6686×××

发证日期：　　年　月　日

金留营村农家书屋借阅证办理登记簿

编号	姓名	性别	文化程度	住址	联系方式
0001	张三	男	高中	村 3 小组	6686×××
0002	李四	男	高中	村 5 小组	6686×××
0003	李萌	女	初中	村 6 小组	6685×××
……	……	……	……	……	……

农家书屋借阅证格式

2.图书外借的规定

为了保证农家书屋的图书借阅能正常进行,每个农家书屋都要根据自己的实际情况制定相应的借阅制度,这一点对做好农家书屋的管理工作十分重要。因为在农村每个读者有可能都是这个管理员的亲戚或朋友,如果没有严格的规定,借阅图书时就会遇到这样或那样的

借阅须知

1、凡村民都有到农家书屋办理押金借阅的权利。

2、借阅时须履行持证登记等手续。图书借到手,应备加爱惜,做到不延期归还、不涂画折叠、不撕损转借他人、不丢失。一旦损坏和丢失除照价赔偿外,还要做扣留押金处理。

3、遵守农家书屋限时限量借阅等各项规定。

4、此证加盖村委会公章,按年核检后生效使用,不得外借。农户要妥善保管此证,如发生丢失现象要及时告知书屋,持证补办。

农家书屋图书借阅须知

麻烦,这对书屋的管理十分不利。在日常的图书外借工作中,常见的图书外借规定主要包括以下几个内容:借阅手续、借阅册数、借阅时间、续借规定、预约借阅、违规处理。

(1)借阅手续

就是要求每个读者都要按照一定的程序办理相关的借阅证。对于借阅证的办理每个书屋的情况不同,采取的方式也不同,但是基本要求是一样的。具体地说,农家书屋可以采用这样的办法,首先进行身份验证,即保证读者是自己服务范围的,之后符合条件的读者填写读者办证登记表。

读者办理借阅登记表

序号	姓名	书名	电话	借书证号	借出时间	归还时间	读者签字
1	张三	毛泽东传	2832429	013	2011.3.12	2011.3.27	张三
2	李四	家	4820502	132	2011.4.15	2011.4.30	李四
3	…	…	…	…	…	…	…
	…	…	…	…	…	…	…

(2)借阅册数

借阅册数是指允许每个借阅证借阅的图书册数。各个书屋可以根据自己的实际情况制定读者的借阅册数限制。一般地讲,可以允许每个借阅证借阅图书3—4册。

(3)借阅时间

借阅时间就是一本图书允许借阅的最长期限,读者需要在这个规定的时间内将借阅图书归还到书屋。对于到了期限的图书,书屋管理员要通知读者,或者发送催还通知。对于超期读者可以采取适当的处罚。

(4)续借规定

通常,有的图书在规定的时间过后仍需要借阅,这时就需要读者办理续借手续以便继续借阅。因此,和图书馆一样,农家书屋也需要对续借进行详细规定,包括续借册数、续借期限等,每个农家书屋可以结合自己书屋的情况来制定。

（5）预约借阅

一些图书，尤其是实用性较强的如种植、养殖等方面的图书，因条件有限复本量少，借阅率高，有时需要读者多次借阅。为了给读者借阅提供方便，农家书屋要开展预约借阅服务。即如果读者来借书时自己需要的图书已经借出，这时读者可以填写预约借书登记表，并留下详细的联系方式，一旦该书还回，管理员可以根据预约的顺序依次通知读者来书屋借阅。这就是预约借阅。每个农家书屋可以根据自己的情况编制预约借阅表。

（6）违规处理

尽管农家书屋可以看作是一种新型的图书馆，但是它又不同于一般的图书馆，尤其是它的读者对象与一般图书馆不同，大部分读者都与管理员有着千丝万缕的联系，因此给农家书屋的管理带来了不便。为此，更应当制定严格的制度，制定切实可行的违规处理规定，这样才能管理好农家书屋。

二、图书阅览服务

农家书屋可以利用自身便利条件开展图书阅览服务。即利用一定的空间和设施，如阅览桌、电脑等，组织读者在书屋进行图书阅读，这种服务方式对于农家书屋来说就显得更加重要。这样可以用最少的图书，最大限度地满足读者的各类需求，不仅可以提高图书的利用率，同时在阅览过程中，读者还可以得到工作人员的辅导和各种帮助，提高学习效率。

农家书屋管理员在提供阅览服务时要做到以下两点。

1. 树立热情服务的思想

树立热情服务的思想体现了"一切为读者"的精神。管理员要以读者是否充分利用了阅览室提供的条件为出发点，并表现于行动的过程和归宿中。这就要管理员一切从书屋的实际出发，在为读者服务的过程中做到主动热情、耐心细致、认真负责。同时不仅要有良好的愿望和满腔的热情,而且还要刻苦钻研图书管理的知识,掌握一些必要的计算机知识,满足不同读者的各种需求。

2.坚持充分利用图书的原则

坚持充分利用图书的原则,管理员必须首先做到科学管理图书,为充分利用图书创造基本条件。要对图书阅览室进行合理布置,使读者感到方便和舒适。例如,将流通量大的图书安排在读者最方便的地方,便于取放。其次,要尽量扩大阅览面积,使读者能接触更多的图书。此外,管理员要积极、快速地传递图书,接受或购买新书,以最快的速度将图书加工好,及时上架,并通过有效的渠道进行宣传,使读者用较少的时间,迅速准确地获得图书。

第二节　宣传报道服务和导读服务

农家书屋要积极开展各种图书的宣传报道工作,尤其是在农家书屋建立初期这个工作更加重要。因为农家书屋不论是对于管理员还是对于读者,都是一个新生事物,需要经历一个复杂的发展过程。农家书屋管理员积极开展图书的宣传报道服务和导读服务,可以帮助读者学会利用书屋,利用书屋中的各种资源。

一、宣传报道服务

1.宣传报道服务的意义

图书的宣传报道服务有几个方面的意义:首先,可以密切联系管理员与读者,扩大农家书屋的影响,使更多的读者知道农家书屋、了解农家书屋、利用农家书屋,这也是农家书屋建立的初衷和目的之一。其次,通过对图书的主动提示,使读者对自己关注的图书有深入的了解,可以及时利用。再次,读者通过阅读宣传报道服务卡,可以掌握和熟悉一些关于图书馆学方面的基础知识,以便对农家书屋的藏书也有感性认识,可以提高图书利用的效率。此外,农家书屋管理员还可以通过图书的宣传报道服务,向广大读者及时宣传党的各项方针政策,在建设社会主义新农村过程中发挥作用,为构建和谐农村做出贡献。

2.宣传报道服务的内容

(1)文献宣传

首先根据自己的实际和读者的需要经常宣传书屋收藏的各种文献,不仅宣传其科学文化价值与主要内容,还要宣传其利用方法,例如,各种工具书的使用、年鉴的使用。如果书屋有计算机,还要向读者介绍如何利用计算机查到自己需要的图书等。

(2)阅读宣传

主要宣传阅读的意义、方式、技巧和方法等,其目的在于提高人们对阅读的认识,启发读者自觉主动地学习。

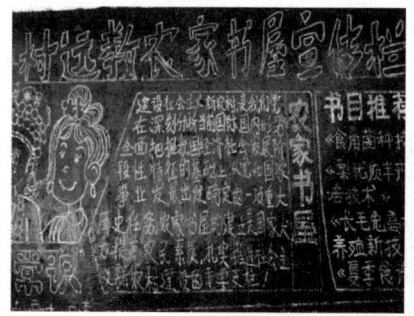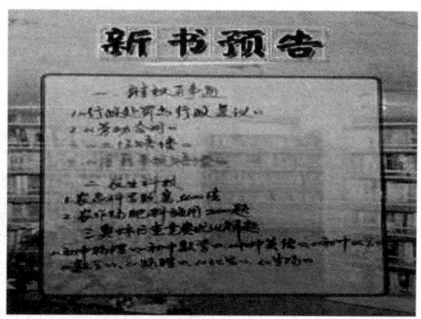

利用宣传栏向村民介绍农家书屋

（3）书屋业务宣传

主要宣传书屋的藏书特点、收藏的文献类型、服务项目、服务方式、目录结构、怎样利用计算机找到自己需要的图书等。这些内容对于读者有效地利用农家书屋是非常有帮助的。

（4）社会宣传

农家书屋需要利用自身条件参与农村的社会政治宣传,例如,宣传我国的计划生育基本国策、党的各项方针政策、国内外时事、经济建设成就、构建和谐社会的意义等。还可以根据本村的情况,宣传本村在构建和谐社会和建设社会主义新农村过程中涌现出来的新生事物,充分利用农家书屋的优势,发挥农家书屋的宣传作用。

3. 宣传报道服务的方式

宣传报道的服务方式有很多,适合农家书屋的方式可以采取以下两种:

（1）报道服务

报道服务就是各个农家书屋利用自己收藏的各种文献,结合本地区经济发展的特点和读者需求,编辑出适合读者需要的文摘、题录等,这样可以帮助读者迅速了解书屋的藏书特色,提高图书的利用率。

（2）展览服务

展览服务就是利用陈列展览实物的直观形式,直接宣传推荐图书的服务方式。其特点是可以把图书直接展示在读者面前,宣传范围广泛、报道内容具体、利用方式简便,其作用可以发挥得更加迅速及时。通过展览服务,既能充分开发利用图书资源,又便于广大读者在短时间内浏览、选择、参考和找到自己所需要的图书,节省读者时间。

展览服务从一定意义上说需要管理员千方百计地采取各种方式,但同时受到管理员人数、图书数量、读者素质等各种因素的影响。

二、导读服务

导读服务就是阅读指导,对于农家书屋来说就是管理员根据社会发展的需求,结合自身实际,采取各种有力措施主动地吸引和诱导读者,使读者产生阅读行为,以提高他们的阅读意识、阅读能力和阅读效益为目的的一种教育活动。通过导读,不仅可以提高读者的阅读水平,而且还能够促进农家书屋管理员自身素质的提高。

导读的功能就是保证图书充分有效的交流,其主要作用是提高读者的阅读修养和阅读效益,可以使更多的农村读者掌握正确有效的阅读方法,提高图书的利用率。

1.导读的原则

导读工作要遵循以下原则:

(1)科学性原则

导读工作坚持科学性原则主要体现在以下三个方面:一是导读内容方面,要着力宣传和推荐代表当代先进科学技术水平的优秀图书和期刊,帮助读者以最少的时间和精力获取最系统、最先进的知识技能;二是在导读方法方面,要根据农家书屋农村读者的阅读需求和阅读动机、兴趣、目的等心理特点,引导他们按照循序渐进的原则掌握各种知识,学会运用科学的阅读方法,提高阅读能力;三是导读思想方面,要以科学的世界观为基础,帮助读者以历史的、全面的、发展的观点阅读各种图书,取其精华,去其糟粕。

(2)主动性原则

导读作为一种积极的教育过程,要求农家书屋的管理员要主动了解读者需求,掌握读者阅读动机。阅读修养和阅读效果,在此基础上才有条件给予相应的指导。导读工作不是一个单纯的传授与灌输的过程,而是启发、引导读者的过程,所以要求积极主动地进行工作。

(3)双向性原则

导读工作是农家书屋管理员和读者双向活动的过程,是"导"和"读"的科学结合,只"导"不"读"或只"读"不"导"都不会取得理想的阅读效果。所以管理员要树立热爱读者、热爱本职工作的思想,经常听取读者意见和反映,与读者保持理解、尊重和谐融洽的内在心理情感,这样才能使"导"的效果好,使"读"的收益大。

（4）整体性原则

导读工作是农家书屋中一项具体的读者服务工作，农家书屋管理员在进行导读工作时要和其他具体工作相互结合、共同完成，争取利用自己书屋的特色资源把导读工作开展起来。

2. 导读的内容

具体到某个农家书屋，导读工作的具体内容可以从下面几点考虑：

（1）阅读意识的培养

阅读意识就是对阅读这一社会行为的实践活动和心理过程的认识程度，这种认识越高，产生的阅读行为就越理想，收到的阅读效果越好。对于农家书屋的读者来说，它与其他正规图书馆的读者比较，阅读意识相对有所差别，有的读者几乎没有阅读意识，这就需要各个农家书屋的管理员向他们宣传阅读活动的意义、作用及其对个人与社会的功能，让这些读者认识到阅读是保证社会进步，推动物质文明、政治文明和精神文明建设、构建和谐社会的必要条件和手段，是提高人的素质的重要途径。因此，培养和提高农家书屋读者的阅读意识是农家书屋导读工作的首要内容。

（2）阅读内容的辅导

阅读内容关系到读者精神素质和智能素质的塑造，对读者阅读内容进行辅导，是导读工作的核心内容。它主要表现在帮助读者制定阅读范围，对阅读具体图书内容的正确理解、评价和鉴别。农家书屋目前是农民学习和阅读的主要场所，管理员有责任向他们提供各类型、各层次的优秀图书，帮助他们正确理解图书的内容实质，从中吸取有益的知识，从而提高理论素养、专业知识和科学文化水平，做一个新型的、有知识的农民。

（3）阅读方法的指导

根据每个读者自身的具体情况和水平，帮助读者制订具体的切实可行的学习计划，并有计划、有目的、有重点地阅读图书期刊，克服阅读中的盲目性和不良倾向；指导读者学会做笔记、读书卡、读书心得等;组织读者开展有关阅读方法、阅读技巧和经验交流的讲座,启动引导读者按照自己的实际情况,选择适合自己的读书方法,通过多读书、读好书的活动提高农民读者的素质。

3.导读的方式

开展导读的方式是多种多样的,在农家书屋开始建设时,可以采取以下几种方式:

(1)语言性导读

这是借助语言来传播导读信息的导读方式,是通过管理员对读者直接讲话或者双方互相对话来完成导读活动。例如,交谈、讲座、座谈讨论会等形式都是常见的导读方式。

交谈的形式最直接,也最实用、最方便、最灵活。这是一种传统的导读工作方式,农家书屋可以先采取这种方式,通过和书屋的读者进行交谈,能够及时了解和掌握读者对于书屋的需求,根据这些反馈的信息制订工作计划和藏书计划,可以更好地满足读者需要。

此外,还可以利用农闲季节组织读者听知识讲座。讲座可以围绕某个主题展开,可以一个主题举办多次,也可以一个主题举办一次。利用讲座开展导读,其影响要比较大,传授的知识也比较系统,但是要求对讲座的内容和组织筹备做充分的准备,不是每个农家书屋都有这个条件。

另外还可以配合各种读书活动,召集读者举行座谈会,共同谈论内容,分析阅读热点,交流学习心得等。这也是活跃农村文化生活的一种方式,还可以锻炼人们积极参与集体活动的能力和勇气。

(2)文学性导读

就是利用文字材料传递导读信息,它具有内容准确、作用广泛、时效长远等优点。也是广为采用的一种导读方式。导读用的文字材料内容非常丰富,形式多样。根据材料内容和使用目的可以分为宣传简介类、科学普及类、研究探讨类等。

(3)实物性导读

就是利用实物来引发读者的阅读需求,指导读者的阅读活动。如组织参观书屋、举办书刊展览等,都是较好的实物性导读方法。通过参观农家书屋,读者对其有一个感性认识,举办书刊展览,可以让读者直接接触书刊,了解书刊的具体内容,可以帮助读者选择阅读的图书。

(4)多媒体性导读

利用广播、录像、录音等各种多媒体形式来传播导读内容的一种导读方式,它是对其他形式的补充,也是近些年来受到读者欢迎的导读方式,其导读效果比较好,但是需要农家书屋有专用设备。

第三节　读者教育与培训服务

读者教育与培训服务是图书馆提高读者利用图书馆的能力教育的重要内容,作为图书馆的一种形式,农家书屋也应该开展读者教育与培训服务,以便广大农村读者更好地利用农家书屋。

一、读者教育与培训服务的原则

读者是农家书屋各项工作的最后一个环节,是农家书屋赖以存在和发展的重要理由。读者在农家书屋工作中并非消极等待服务,而是自觉地参与其中,如果读者掌握了文献基本知识,掌握了利用农家书屋的各种方法,那么他们利用农家书屋的效果就会非常理想。为了使读者掌握农家书屋的利用方法,就必须结合具体情况对他们进行培训和教育,在此过程中必须遵循以下原则。

1.计划性原则

读者教育与培训对于农家书屋来说是一项繁重的工作,因为读者群的知识结构、文化水平等各不相同,需要针对不同的读者群制订不同的培训计划,这样才能达到预期的目的。

2.广泛性原则

农家书屋既然属于图书馆的一种,那它就具有教育职能,其目的就是提高整个农村公民的文化素质水平,因此其开展读者教育工作的范围应该是全体公民。

3. 针对性原则

读者尤其是农家书屋的读者的个体条件存在极大的差异,如其文化水平、从事的劳动、社会阅历等都各不相同,因此农家书屋在进行读者教育和培训工作时,应将读者划分为一定的类群,根据需求基本一致的读者群确定教育内容和组织教育活动,力求取得最佳效果。

4. 灵活性原则

读者教育与培训的方式方法很多,可以采取个别辅导教育、口头讲述教育、集中培训教育、书面材料教育等。具体采取什么样的方式,取决于读者的数量、读者接受农家书屋教育的方便程度以及读者的水平层次等因素,有时可以用一种方法,有时可以几种方法并用,以加强教育效果。

二、读者教育与培训的内容

1. 读者文献知识的培养

文献知识是学会利用农家书屋的基本知识,对于大部分农家书屋的读者来说,文献知识几乎为零。因此农家书屋管理员首先要培养读者对图书的需求意识,从而从主观上去学习关于文献的基本知识;通过更新意识的培养使读者知道新知识层出不穷,知识老化不断加快,因此要变革自己的学习观念,不断地学习新知识、新技术;通过对读者参与意识的培养,使读者自觉、主动参与农家书屋的建设,真正把农家书屋建成农民自己实用的书屋。

2. 农家书屋基本情况介绍

这是读者培训教育的一个重要内容,目的是为了让读者了解书屋、利用书屋。尤其是对于建设时间不长或正处于建设中的书屋,更需要向读者介绍、宣传,介绍书屋的收藏类型、数量、特点、重点、范围、存放位置、开展的服务形式等,帮助读者及时、准确地获取所需要的书刊,以解决生活或生产中的问题。

三、读者教育与培训的方式方法

图书馆在长期的读者教育工作中,摸索出了多种有效的教育培训方式,为农家书屋开展读者教育与培训工作提供了宝贵的经验。

1. 群体教育培训法

群体教育就是将读者集中在一起,采用课堂教学、系统培训、群体参观、专题讲座或学术研讨的方法进行的培训教育。对于农家书屋来说,群体参观和系统培训的效果更加直接,可以取得更好的效果。

2. 个别教育培训法

个别教育培训具有更大的随机性和灵活性,其实个别培训教育已经融于农家书屋的日常工作中了,这是一种针对性强、效果也好的教育培训方法。

3. 读者自我教育法

为了鼓励读者多看书,还可以制定一些有效的读书奖励制度。例如,对年度中农家书屋读者阅读图书的数量进行排序,读书最多的人有奖励,鼓励读者读书,营造读书的风气。还可以举行读书心得演讲征文等活动。通过这些形式营造浓厚的读书氛围,培养自觉读书的习惯。

第四节　农家书屋自动化管理

随着计算机技术和网络技术在图书馆中的广泛应用,图书馆的各项工作发生了翻天覆地的变化,服务方式、服务手段和服务技术也有很大改变。数字图书馆、虚拟图书馆已经成为图书馆界耳熟能详的术语。大型数据库、检索服务平台等各种新技术在图书馆中的应用,使得读者能坐在家里享受图书馆各项服务。如何让农家书屋热起来,除了提升农家书屋的层次,提高管理员的管理水平之外,探索运用数字、网络技术手段丰富农家书屋的内容建设和阅读服务是未来农家书屋的发展之路。由此,打造"大书屋"管理模式,探索新型的农家书屋发展之路是我们图书馆人应探索的课题。鉴于此,以辽宁省营口市图书馆为例,在全地区农家书屋现代化管理过程中提出了"大书屋"服务模式。

一、什么是"大书屋"模式

"大书屋"就是在农家书屋建设的基础上,将一个地区所有农家书屋的图书在图书馆的协调下,实行统一规划、统一分编、统一分配、统一管理。通过一系列有效措施,在所有农家书屋间实现图书通借通还,文献资源共享的现代化管理格局。这种将农家书屋整合,由农家自主管理、自我服务的公共文化服务模式就是笔者想在本文中探讨的"大书屋"服务模式。

二、"大书屋"服务模式及应用

目前,农家书屋的管理主要还是以农民自主管理为主,每个农家书屋各自为战,互不往来。只有图书馆参与到技术与业务的支持中,才能把农家书屋的信息资源有序、合理地整合起来,使它们之间相互在一个整体模式下发挥各自的作用,同时借助图书馆的信息、技术服务平台真正达到互通有无,资源共享的目的。其中,"四通"服务便是开启"大书屋"之门的钥匙。

1."通网"

"通网"就是每个农家书屋至少配备一台可以连接互联网的电脑,由图书馆建设"大书屋"网络平台,通过这一网络平台可以实现对本地区所有公共图书馆、农家书屋的电子书目的检索、查询,可以实现海量电子图书、电子期刊的网上阅读,可以实现新书的网上选择与采购。"通网"的服务模式是图书馆人针对新型农民数量的增长和新兴媒介的普及要求树立起来的现代传播理念。农家书屋实现通网之后,便具有农业信息浏览、文件传送、网络论坛、音频视频传播、农业信息搜索、在线培训学习等功能,有效解决传统农家书屋出版物更新慢、运输不便、借阅不便、内容不足、可持续性不强等问题。

2."通视"

即每一个农家书屋都配置一台电视和 VCD 或 DVD 播放机,能够满足农民看农业科技类光盘的需要。电视、VCD、DVD 等载体在农村已经普及,图书馆可以定期或不定期针对不同地区农民的实际需要,编制专题信息,刻录农业科技信息的光盘及其他农民需求的光盘,把这些实用科技信息送到农家书屋,有针对性地为农民读者服务,真正做到把农民最需要的信息送到家门口。

3."通购"

即联合新华书店,在书屋设立"三农"读物代购点,让农民足不出户就能购买到自己想要的图书,从而解决农民买书难的问题。

4."通借通还"

即利用市级图书馆的技术、设备条件及市县(区)图书馆的藏书优势,发挥市、县(区)、镇公共图书馆网络化、数字化水平较高的优势,加强农家书屋与市、县(区)、镇图书馆的对接联网,构建市、县(区)、镇、村四级图书借还系统,实现"一家办证,多家借书,一家借书,多家还书"的"一卡通"服务。"一卡通"服务是按照图书馆服务体系实行总分馆制规划,形成以市图书馆为总馆,乡镇图书室为分馆,村级图书室为馆藏地点的总分馆网络体系。这个总分馆制,是一种实质性的联合,能够统一采购、统一编目,然后形成一个统一的图书配送体系,发挥了市图书馆对农家书屋的辐射作用,使市图书馆与农家书屋的资源真正共享。通过这一服务方式,可以打破农家书屋及图书馆间"各自为政""条块分割"的格局,激活本地区的文化资源存量,实现本地区图书资源的优化组合与共享,发挥农家书屋的作用,提高图书馆在本地区的服务覆盖率和为市民服务的能力,充分发挥图书馆及农家书屋在为农民读者服务中的长久作用。

三、"大书屋"服务模式应注意解决的问题

1.在严格管理中规范运行

一是建立完善各项制度。进一步完善图书管理员制度、图书借

阅、损毁赔偿等制度。特别是图书流通每一个环节的规定一定要进行周密安排。比如,实行通借通还后,各书屋间的图书就会在彼此书屋中有交叉,图书如何保管、如何交换、多长时间为一个周期、交换手续的制定等都是我们在日常工作中应认真思考的问题。二是迅速提升管理员的水平。实行"大书屋"管理后,对管理员的要求就会更加提高。首先要优化管理员队伍,充分利用大学生村干部这支新农村建设的新生力量,抓住当前大学生村干部大量配备的有利时机,将管理农家书屋作为大学生村干部的学习锻炼岗位,使他们在引导农民读书学习中发挥自己在知识和管理方面的优势。

2. 在优化调整中合理布局

前期农家书屋选址以各行政村(居)委会所在地为主,覆盖所辖自然村,随着"大书屋"工程的推进,农家书屋在布局上也应适时进行调整。应以农民集中居住点为农家书屋的所在地,这样势必吸引大量的农民前往阅读。同时,在农村居住地建设改造过程中要超前考虑农家书屋的设置。在村部更新改造、基层党群服务中心建设过程中,农家书屋要作为重要职能板块予以重点关注。

3. 多方并举进行经费投入

"大书屋"建设的前景是美好的,但要全面实现还需要一个较长的过程。这需要从中央到地方甚至广大农民读者等各方不懈努力才能实现。以营口地区为例,我们正在进行"四通"的试点工作。部分县区的农家书屋数量很多,大部分村没有电脑,而且无法上网,这对于开展"四通"建设存在很大的困难。建设"大书屋"正常运行经费无保障。大部分地区书屋管理员的报酬补偿及其他软硬件设施的更新维护资金没有明确的来源渠道,基层政府及村居委会对书屋维护存在观望心理,直接影响了"大书屋"工程的发展。只有做到统一领导,分级负责,合理安排,专款专用,有条件的地区给书屋管理员一些待遇倾斜,让他们从心里热爱这个事业,从感情上能全心全意管好这项工作。只有他们的工作积极性提升上来,书屋的日常管理工作才能真正做好。

4.要保证图书馆的技术支持与业务辅导

作为公共图书馆,具有丰富的资源优势、技术优势与人才优势,尤其具有丰富的管理经验与技术能力,为"大书屋"服务模式提供技术支持与业务辅导,这是任何组织机构都无法替代的。市级图书馆可以依托 Interlib 图书馆集群网络管理平台,解决图书馆资源共享和协同发展的瓶颈问题,将农家书屋的自动化管理、图书文献的馆际物流传递、信息资源的数字化传播、读者服务的网络化应用等高度整合。使业务协作、通借通还和资源共享能顺利实现,符合图书馆发展趋势,又能解决现实问题。这些业务流程的实现,必须依靠中心馆技术支持与业务辅导,离开中心馆的辅助,农家书屋从目前的状况看无法实现这一目标。所以,市级图书馆要充分做好各项技术支持与业务辅导工作,使农家书屋的管理人员能适应"大书屋"模式的发展需求,为"大书屋"模式的顺利普及奠定人员及技术的保证。

5.注意在高效利用中提高效能

把"大书屋"工程建设好是前提,但使用好才是最终目的。为切实发挥"大书屋"的效能,建议坚持三个结合。一是结合农村留守儿童关爱工程,把农家书屋建成留守儿童的温馨家园、丰富业余文化生活、培养读书学习的文化阵地。二是结合各种主题文化活动,在农闲时节和重大节日组织开展农民喜闻乐见的读书活动,让农民在休息的同时获取知识,增长智慧。三是结合现代信息技术应用,从发展的眼光看,"大书屋"服务模式势必要求农家书屋未来收藏的绝不仅仅是图书、报刊等,数字化和网络化服务应该是推进的方向,所以还应在提高现代信息技术应用上寻求突破。

第六章　分析与展望

第一节　农家书屋建设中存在的问题

　　农家书屋是一项农村的文化工程建设。实施"农家书屋"工程,是解决农民群众读书难、看报难、保障农民基本文化权益的重要途径。农家书屋自建立以来,为农民送来了致富的信息、富民的政策、健康的文化,丰富了农民文化生活。任何一项工程,无论是文化建设还是工业建设,无论你规划得多么严密,在实施过程中总会遇到问题。实施的过程在本质上就是发现问题、解决问题的过程,农家书屋也不例外。根据大量的调研成果和图书馆管理实践,针对农村实际情况,对作为"惠及亿万农民的利民工程"——农家书屋实施过程中出现的问题,我们必须实事求是,寻求对策,从而促进农家书屋的进一步发展。农家书屋在建设中存在的问题主要有以下几个方面。

一、农家书屋的"屋"的问题

　　1. 时间紧、任务重、质量堪忧

　　根据"农家书屋"工程总体目标和各地实际情况,国家新闻出版总署于 2007 年发出了《关于做好"农家书屋"工程规划编制工作的通知》,对各地"农家书屋"工程建设提出目标要求。根据《"十一五"时期"农家书屋"工程建设规划》,到"十一五"结束,全国将建成农家书屋 237 455 个,建成覆盖全国三分之一以上行政村的公共阅读服务体系。此规划比《"农家书屋"工程实施意见》增加了 37 455 个农家书屋。

　　2011 年全国"农家书屋"工程建设工作会议于 1 月 12 日在京召开。据新闻出版总署署长、"农家书屋"工程建设领导小组组长柳斌杰透露:2011 年农家书屋建成数量将达到 50 万家左右;到 2012 年,"农家书屋"工程将基本竣工。这意味着每天要建 304 个农家书屋,这个时间对于建立一个完备的农家书屋是远远不够的。所以不少农家书屋通常是赶速度、凑数目、临时搭建,质量得不到保障。

2. 基础设施有待加强,发展基础薄弱

(1)农村发展落后。长期以来,我国城乡经济社会发展很不平衡,城市发展很快,农村发展滞后。尤其是在很多山区县,由于居民居住分散,山区建设缺乏规划,房、河、路以及其他设施基本没有长远规划,建筑物杂乱无章,牲畜放养、猪圈厕所与房屋连建的现象十分普遍,就更少有地方去集中建设农家书屋了。

(2)基础建设人为割裂严重。在农村很多项目中,项目与项目之间的协调性差,农家书屋的基础设施建设通常需要多村或多乡联合实施。但由于各地分散争取资金,受狭隘利益的限制和行政区划的阻隔,造成"农家书屋"的基础设施人为割裂,达不到预期的效果。

(3)建设主体单一。农村基础设施建设过程中,政府是唯一的投资主体,老百姓等、靠、要的思想严重,村集体和村民没有积极参与,建设力量薄弱。一事一议机制没有被充分利用,村级筹资困难,农家书屋设施建设困难。

(4)基础设施破坏严重。一是人为破坏,村内管理基础设施尤其是公有设施的能力不强,对公共设施及其附属设备的破坏行为频发。二是自然灾害损坏。如暴雨、泥石流等使得生态体系非常脆弱,自然灾害成了农村基础设施的重要威胁。许多村民房屋被毁,公路被冲毁,水电通信线路、人饮设施破坏严重,农家书屋如果碰到灾害往往需要重建,造成人力、资金浪费严重。许多农家书屋利用的是村级闲置旧房,由于面积小、年久失修、设施陈旧落后、活动器材和设备奇缺,无法开展相应的文化活动,服务能力逐渐弱化。

图书馆事业的发展主要受社会经济发展水平的制约。只有社会经济发展水平达到一定的高度,图书馆事业的发展契机才会来临。由于家庭收入的限制,大多数农民都在努力赚钱,地方政府也在想方设法提高农民收入,对于农家书屋这种精神层面建设的投入肯定很少,甚至基本没有,更不可能每年投入一笔资金去建设。

3.管理不规范,机制有待完善

过去在农村多次投入过图书建设,名称不断翻新变化,村级图书室也好,村图书角也好,建了散、散了建,不能持久。其原因主要有以下四点:

(1)管理机制不健全。图书管理有其专业性,一般要求对图书进行分类、编目等,而村级图书管理无法做到这一点。由于缺乏有效管理,时间一长图书就流失了。原因有:①部分地区书屋征订的报纸杂志未送到书屋,而被个人占有;②部分书屋的书籍未按图书类别摆放,征订的报纸随意堆放,未按要求整理上架;③借阅记录登记不完整,不能准确反映图书的借出和归还情况;④个别书屋建在农民家中,书屋面积达不到规定的标准。

(2)责任机制缺失。农家书屋的建设,往往是把书运到村里,放到书架上就完事了,配套管理的工作没有到位,没有做到专人专管,图书的功能和效用也根本没有发挥。

(3)图书更新机制未建立。有些书放到农村图书室,多年没有更换,内容过时。因此,要加快"农家书屋"工程建设首先必须解决管理体制,明确书屋的管理责任,由乡(镇)制定各项管理制度,行政村按照制度抓好落实。

(4)没有形成长效机制,缺乏发展后劲。从农家书屋的建设情况看,书屋数量增长很快,"重建轻管"现象普遍存在。造成一些已经建成的农家书屋内容更新速度慢。管理员队伍建设与培训等农家书屋建设与管理的长效机制没有建立,导致图书有出无进,迅速老化,图书室管理混乱,不按时开放,农民群众很难享受书屋的好处。这些都将影响和制约农家书屋的健康发展,从而使得农家书屋逐渐失去对农民群众的影响力,缺乏发展后劲。

4.农家书屋建设过于模式化

所谓"模式化",就是指在不同的历史时期、不同的发展阶段、不同的时代背景下人们在对待事物、推进工作、处理问题上所形成的所谓具有"经验性和实效性"的固有的、惯性的思想意识和行为定式,农家书屋建设的模式化主要表现为以下三个方面:

(1)思维的模式化。在农家书屋的建设上习惯于对上级的决策和部署言听计从,只唯上、只唯书、不唯实,致使形式主义、本本主义、教条主义严重,不能因地制宜地、创造性地贯彻精神、推进工作。这使得不少农家书屋从总体上来说大同小异,毫无特点可言。

(2)工作标准的模式化。人们总是习惯于以"一刀切"的方式将多样化、复杂化的问题简单化、模式化处理,习惯于以"一把尺子量到底"的方式搞统一标准、平衡推进。例如农家书屋的建设基本是采用图书资料和设备由政府和新闻出版总署统一配置模式,而且配备的种类和数量基本相同,很有可能出现千篇一律的现象。新闻出版总署虽然对此进行了大量的调查研究,并根据农村对政策、法规、文化、科技、信息的需求,印发了农家书屋重点图书、报刊、音像制品及电子出版物的推荐目录,但由于地形、气候、经济特点不同,各地需要的书刊种类及文献载体也有差别,不能一概而论。模式化的配备方式不能充分体现不同农村的差异性,忽视了各地的特色,不利于工程的推进。

(3)工作行为的模式化。由于长期受计划经济体制的影响,一些干部还没有完全从传统的行为定式中解脱出来。面对新形势、新任务、新要求,他们往往缺乏适应性和灵活性,习惯于以老办法推进工作。这种惯性的、僵化的行为方式的存在,必将对各项工作的有效落实产生极为不利的影响。例如农家书屋的选址模式化,一些干部往往将农家书屋选在中小学和村委会距离农家聚居地都有一定的距离,不方便图书的借阅。各地的农家书屋选址应根据自己的实际情况,如居民的分布情况、地形等各方面选择适宜的地址。

5. 思想认识有偏差

对农家书屋建设认识上的偏差主要体现在对"农家书屋"建设定位的片面化。

农家书屋建设发展有其内在的规律,并非农村自主选择的产物,而是由新闻出版总署联合其他部委,通过行政部门自上而下推行的结果。农家书屋是在主导性市场机制和政府宏观调控的共同调节下,实现城乡经济、社会、文化不断整合的过程,也是人与自然、城乡经济社会协调发展的过程。

可是,部分干部群众对此的思想认识有偏差,认为农家书屋是形式主义,为了完成任务,只选择基础比较好,上级检查容易到达的地方,将有限的资源用于建设少数表面看着豪华而使用价值不高的样板书屋,造成资源浪费。还有理论界和实际工作者中一些人往往把农家书屋建设理解成单纯的书屋建设,把图书规模的扩张看作是农家书屋建设的主要内容甚至看作为唯一的内容,有相当一部分农家书屋东拼西凑仓促建成,图书质量差,实用性不强,只能成为一种摆设,很难真正地为农民群众服务。有的把农家书屋建设理解为书屋面貌的改变,这些片面认识带来的直接后果是,在农家书屋建设实践中只重视书屋面貌建设、重视图书规模的简单铺摊子式地扩张,搞标志性政绩工程是这种农家书屋建设模式发展的必然结果。当前实践中由于对"农家书屋"建设内涵认识上的偏差面带来的政策问题非常突出。

二、农家书屋的"书"的问题

1. 农家书屋利用率普遍偏低

目前,由于农村大多数农民缺乏阅读习惯,加上宣传工作不到位,书屋虽然建成了,图书借阅率却普遍偏低,平均借阅率达不到 10%。从抽查的借阅记录发现,借书的 80% 以上是中小学生,所借书目为少儿和文化类书籍,大部分的图书还处于闲置状态。

大部分农家书屋都承袭市县公共图书馆的旧的管理模式:对图书都采取闭架借阅或半开架借阅的方式,使农民读者不能直接接触到图书;读者都要办理借书证。过于烦琐的借阅手续对文化程度不高且很少接触农家书屋的农民来说形成一定的障碍,使农民读者对农家书屋产生隔阂,不好意思走进农家书屋。从一些村民的谈话中发现,有相当一部分人表示没有听说过农家书屋,有的行政村只是在开村委会时做简要说明,且有的农家书屋图书的数量与质量、新书购置、可用信息量也阻碍图书的利用率。从被调查的农民群体来说,有44.9%的读者因为农家书屋需求信息少和缺少新书而不去问津。由此可以看出,农家书屋还远远没有发挥出应有的作用。

目前农家书屋的建立主要有四种:一种是依托乡镇文化站,各种文化设施较齐全;二是依托乡村中小学,村校合建;三是依托村委会,由村两委干部代为管理;四是依托村老年协会,由村老年协会代为管理。农家书屋建设依托在不同单位中,利用率是不一样。在乡镇文化站与乡村中小学中利用率较高。乡镇文化站多设在集镇所在地,内部除图书室之外,还有网吧、棋牌室、培训室、乡(镇)情展览室等,文化娱乐设施多,对读者吸引力大。在乡村中小学,有老师兼职做管理员,满足对学生开放外,还可以对村民开放,故利用率也高。因村老年活动中心也是社区公共活动中心,同时聘请有文化的老年人做管理员,开放有保证,因此利用率也不低。一般建在村委会办公区的图书室利用率最低,只有上级来检查时,才让村民来借书装门面,平时都将书锁在柜子里,所以书看起来都很新。目前乡村图书室主要读者群体是中小学生,其次是中老年男性,青年读者最少。

2. 农家书屋图书数量少

多数农家书屋只有2000册左右图书,对于人口总量超过2000人的村庄来说,人均只有1册,这些书当中还有相当一部分不适合农民阅读。现在乡村图书室大部分图书来源于城市有关机构捐赠,因此,过时的废旧图书偏多。言情、武侠小说书成主流,新书年增长量更是少得可怜,农民想要借阅农业生产与养殖类的科技书籍很难。还有很多图书室只有图书,没有期刊报纸。

按照农家书屋的建设标准,每个农家书屋配置实用图书不少于1500册(复本在5册以下),报刊原则上不少于30种,音像制品不少于100种(张)。同时,图书每年的更新率应该达到10%。到2010年年底,全国建成的近30万家农家书屋,采购图书5亿册。1999—2005年,我国的"三农"选题数量基本没有明显变化,为3000—4000个,

2006 年"三农"选题多年来首次突破 5000 个,2007 年跃升至近 7000 个。以上数据说明,自从 2005 年开始"农家书屋"工程以后,我国出版行业更加重视"三农"图书的出版,国内大多数出版社都策划了"三农"选题。但是 2007—2009 年,"三农"选题的数量又停滞不前,稳定在每年 7000 个左右的水平。每年 7000 多个"三农"选题与我国每年近 20 万种图书的出版总量相比,数量明显过少。多年来,"三农"选题占选题总量的比例一直低于 4%,2006 年首次超过 4%。近几年来,"三农"图书的出版取得了可喜的进展,但是随着"农家书屋"工程的快速推进,"三农"图书的出版已经不能适应农家书屋的建设要求。

3. 农家书屋图书针对性差

农家书屋是为农民所开,为农民所用。那些与农民生产、生活密切关联的实用类图书报刊才是农民朋友们所盼、所需的。但事实上,在为数不少的地方农家书屋里多多少少存在摆架子、撑门面的"景点"现象,诸如:数量不够,四处借;新书不多,旧书凑;生活科技实用书籍太少,就把那些过时的政治书刊增量打底。少数图书发行部门甚至把农家书屋作为某些滞销压库图书的"减压"发送渠道。难怪有些农民读者戏称:"不像是农家书屋,倒像是党校阅览室、过时书报纸杂志回收中心。"有些地方的农家书屋虽然建得也比较气派,装饰也比较新颖,桌椅书柜也较齐整,可是书屋书柜里的书籍要么是从一些部门搜集来的废旧书刊,要么是一些过时的旧书,要么是连专业人士阅读都有困难的专业书籍,不适合农民的品位。有些地方的农家书屋中有20%—30%的书农民看不懂,要么是专业性太强、理论太深,要么是与农民群众的生产、生活联系不够紧密,很少有翻阅。

另外,配置结构和分类结构不够合理。从各地农家书屋的配置标准看,一般都是图书的配置数量达到了总署的要求,而音像类、报刊类产品因为一些客观原因配置难度较大,落实比例低。配置结构存在重图书,轻音像、报刊的倾向,较少考虑当地居民的实际情况,如上海人民出版社期刊中心编辑在调研时发现农民对报纸、期刊更加"情有独钟",尤其欢迎时政新闻类、实用技术类和生活保健类期刊。

4. 视听设备和电子音像制品比较缺乏

国家规定每个农家书屋的电子音像制品不少于 100 种,但是对内容并没有做出明确的规定。因而很多乡村里的农家书屋为了应付任务和节省资金,往往对音像制品采取租赁的形式,在农家书屋看到的常常是"老面孔"。由于管理部门鞭长莫及、疏于管理,"走私""盗版"音像制品有空子可钻,一些盗版音像制品甚至出现在农家书屋。这不仅危害老百姓的法律意识,而且影响服务质量。至于乡村农家书屋音像制品的内容,正因为处于基层市场,部分不健康内容的音像制品到此积聚、交流,显现出庞杂、混乱的状况,对未成年人产生极大的危害。

电子音像制品因其具有纸质读物所不可比拟的形象直观、声形并茂、观赏性强等方面的特点,对广大农村不识字的老人和众多喜爱"快餐"文化的年轻人来说,似乎有着更大的吸引力。因此当前重图书、轻音像报刊的失衡配置结构,必然会忽视一些特殊人群的阅读需求,从而导致农家书屋服务覆盖面的缺失。

5. 难以满足个性化阅读需求

农家书屋建成后,农民读书借书的热情很高,有来看杂志的,也有上网查资料的,可是一段时间后,前来看书的群众渐渐少了,偌大个屋子一架子的书没人阅读,让人看着都心疼。是什么原因出现了这样的问题呢? 一些农民读者道出了心声:"这里啥书都有,种地的、养猪的、打官司的,有些我都看不懂。我最想看大棚菜种植的书,仅有的几本俺都翻遍了。这就说明农家书屋的图书现在还存在着追求数量,忽视了图书的品种与质量的问题,对农民读者追求个性化阅读的满足还有待提高。

在新技术条件下,阅读环境与阅读方式对传统阅读的影响日渐明显,人们的阅读方式和阅读习惯发生了深刻变化,这就要求我们既要巩固传统阅读,又要打破传统观念、传统心态和传统机制的束缚,要积极实施"数字图书"战略,大力发展以数字化为主要特征的新媒体。同时,立足实际,着手制订农家书屋的数字化发展规划,积极推动新闻出版单位开展数字网络出版、数字印刷等各项业务,从而逐步实现新闻出版业从单一的传统方式向与现代多媒体共同发展的方向转变。此外，我们还要不断满足农村读者的个性化要求，利用网络、手机、手持阅读器等一切人民群众喜闻乐见的传媒形式，为广大读者提供最便捷、最有效的阅读服务，使阅读真正覆盖全民。

6."三农"图书出版的实用性和针对性有待加强

"三农"图书主要以科技类为主，一批长期致力于服务"三农"的传统出版社连续不断地推出了一大批受到农民欢迎的优秀科技类"三农"图书，并因此成为我国出版市场上的响亮品牌，如中国农业出版社、金盾出版社等。其他的一些长期出版"三农"图书的出版社也推出了深受农民好评的科普类图书，如重庆大学出版社推出的"农民工进城务工系列"图书、浙江科学技术出版社出版的"效益农业技术问答丛书"、中原农民出版社出版的"农民科普丛书"等。但是部分近几年才开始出版"三农"图书的出版社出版的"三农"图书仍然缺乏实用性和针对性。

我国的绝大部分出版社处于大中城市，不仅编辑远离农村，而且作者也远离农村。编辑在策划"三农"选题时通常是通过网络、期刊、报纸等媒介来寻找信息，而不是通过到农村与读者直接面对面地交流来获取信息，很多编辑对农村的情况了解甚少，导致选题和图书内容脱离农村实际情况。此外，不仅是编辑，整个出版行业对农村发展的调查研究也不多，对农村的发展变化和农民的需求了解不够，图书生产者与图书消费者出现出版信息脱节的现象。与此同时，"三农"图书的作者主要是农业科技工作者和学者，很多作者对农村情况的认识还停留在 5 年甚至 10 年前的水平，对农村的发展了解较少。尤其是一些学者在编写"三农"图书时仍然按照学术论文的框架模式，对农村读者的阅读习惯知之甚少，语言达不到通俗易懂的要求，导致读者阅读时存在困难。

此外，大部分出版社是受到近几年"三农"图书市场快速膨胀的吸引，才开始出版"三农"图书的，缺乏"三农"选题策划和出版的经验，同时过于追求"三农"图书出版的速度和规模，对图书质量却重视不够。

7. 图书分类构成不合理

按照国家农家书屋建设标准,农家书屋配置图书时,原则上按照法律类占 5%、文艺社科类占 15%、青少年儿童读者类占 20%、农业种植养殖科普类占 30%、城镇务工与实用技术类占 15%、生活医疗卫生保健类占 15% 配置。农家书屋的建设对"三农"图书的种类提出了明确要求。新闻出版总署 2007 年农家书屋第一批推荐书目入选 4440 种,第二批推荐书目入选 5707 种。在推荐书目中,超过 60% 是农业科技和一般科技知识类读物,非农读物如政治、文化、教育、艺术等类图书的比例超过 30%。2009 年,各出版社的"三农"图书选题在农业实用科技、科普读物和农村两个文明建设方面,新农村基础设施建设、社会保障以及农民和进城务工人员技术培训等方面都有所加强。

综合来看,近年来出版的"三农"图书呈现出三大特点:一是农业科技类图书比重大,占到"三农"图书的近 70%;二是更多的出版社抓住农家书屋建设机遇开始出版"三农"图书,多家出版社推出了面向农家书屋的大型系列丛书、套书,还有一大批少数民族文字类"三农"图书;三是开始重视农村、农民的精神文化和生活需求,加强了进城务工人员精神文化生活类图书的策划和出版。

我国"三农"图书的出版种类日渐丰富,但是仍然存在偏重农村致富类图书,忽视农民文化养成和青少年儿童教育类图书的问题。目前出版的"三农"图书中,图书种类比例仍然不符合农家书屋建设的要求,农业科技类图书比重过大,占到"三农"图书的近 70%,农业科技类图书的大量出版适应了新农村经济建设的需求,关于农村基础设施建设、医疗卫生、环境保护、农村文化、少儿教育和少儿读物等方面的选题仍然十分欠缺,无法满足广大农民和农村少年儿童的需求。目前我国的"三农"图书出版对农村青少年儿童这一广大群体的重视程度仍然不够。由于各种原因,农村青少年儿童,尤其是留守儿童的教育仍然存在很多问题,因此,农家书屋在配置图书过程中也应该更多地考虑农村儿童的阅读和学习需求,使农家书屋成为农村儿童的课外学习场所,成为学校图书馆的有益补充。这也要求出版行业在策划"三农"选题时要更加关注农村儿童读物。

三、农家书屋的"人"的问题

1.管理人员队伍建设问题

（1）绝大部分书屋的图书管理员由村干部兼职。因此，在对书屋及图书的专业管理方面存在许多欠缺，如书屋开放时间不够，图书没有进行登记造册和分类编号，图书借阅管理不善等，造成了书屋功效得不到充分发挥，有的甚至成为摆设。同时，由于管理人员均为义务管理者，加上缺乏专业知识培训，导致许多管理人员并不太清楚图书的具体情况，缺少对图书的推荐宣传，不利于图书功能的发挥和阅读活动的推广。

（2）管理人员作为农家书屋的实际管理者、具体维护者和服务农民的执行者，其素质和能力直接关系到农家书屋的服务质量和效果。目前，农家书屋有设在村委会或新农村建设点的，有与文化活动室同置共用的，有设在农村"文化中心户"家里的，一般采用兼职或临时人员管理，没有稳定的管理人员。开放农家书屋是一种义务劳动，只要一忙起来，书屋就关门，经常出现"锁长"看管，给村民借阅图书带来障碍。农家书屋的开放毕竟是一项长期工作，短时间内可以义务劳动，时间长了，当这项工作影响村干部的工作或者村民的家务劳动时，义务劳动的积极性就会丧失，书屋遭遇"铁将军"把门就不会只是一个暂时现象了。

2.农民对农家书屋的建设意识不强

调查显示，在农村约有40%的农民没有听说过农家书屋，可见农民对农家书屋的认知度不够。农家书屋的活动要有声有色，有吸引力，才能让更多的农民受益。

如果农民缺乏主体意识，自我发展能力、组织化程度低下，势必制约农民在农家书屋建设中主体作用的充分发挥。农民作为农村的主体，是农村生产力中最活跃的因素和农村社会进步的推动者。能否充分发挥广大农民群众的主体作用，是建设农家书屋成败的关键。

首先是农民的主体作用难以发挥。一是农民话语权缺失,缺乏正当利益的表达渠道,主体作用无从发挥。不少农民尤其是外出务工农民几乎一年到头没有参加一个村委会会议,没有参与农家书屋建设活动,导致各级干部成了农民的"代言人"。二是农民主体意识不强,主体作用没有得到发挥。在许多农民的头脑中认为农家书屋建设是政府的事、干部的事。在农家书屋建设项目的实施中,涉及自身利益时,往往有抵触情绪,结果在进行村级农家书屋公益事业建设实际操作中往往是"事难议、议难决、决难行"。三是农民发展能力较弱,主体作用无力发挥。由于不少农民经济实力较差、文化素质不高,并且主体力量"流失",留守的年老体弱、文化素质低、思想观念落后的劳动力,这些人对农家书屋公益事业既没有能力,也不够热心,难以适应农家书屋建设的需要。

其次是重建轻管。农家书屋建设涉及农村基础设施建设,项目实施单位建成后,往往将管护权整体移交到当地项目区政府,有的移交到乡镇政府,有的就直接移交到村委会,而项目工程的真正使用者又是项目区群众。一些群众只有享受成果的欲望,认为这是国家投钱建的,而没有维护的意识,加之村里经费有限,管护又不能带来效益,管还不如不管,管理人员有时甚至连工资都无法保证,从而打击了他们的管护积极性。因而,从一定程度上造成"群众不愿管""村里无钱管""镇里管不好"的现象,导致"农家书屋"工程不同程度的损毁,很大程度上影响了"农家书屋"工程后续效益的长期发挥。

3. 农村人口受教育程度有待提高

根据 2010 年第六次全国人口普查主要数据公报,中国(内地)农村人口占全国总人口的 50.32%,人口素质低,文盲和半文盲人口 2.19 亿。在农村就业人口中,文盲和半文盲占 35.9%,小学文化程度者占 37.2%,每万人口大学生数为 4 名,平均文化程度为 4 年,这种状况是农家书屋进程中的沉重包袱。

自从 1986 年《中华人民共和国义务教育法》公布后,农村普及教育正在全面展开,并且取得了历史性的进展。到 2000 年,全国有 2410 多个县通过了九年义务教育的验收,人口覆盖率达到 85%,扣除城市人口,农村普及九年义务教育地区的覆盖人口也达到 54% 左右。普及教育对农村社会起了推动作用,重视教育蔚然成风,办学条件明显改善,许多地方农村学校的校舍确实是当地最好的建筑之一,为农家书屋的进一步发展奠定了较好的基础。但是,农村已经实现的基本普及九年义务教育还只是初步的,是低水平、不平衡、不巩固的,其中还存在一些"水分",而城乡的差距正在扩大是一个严峻的现实。

从受教育水平看,据 2000 年第五次人口普查统计:在西部农村 6 周岁及以上应识字人口中,大学文化程度(含大专)占 3.08%,高中(含高中)文化程度占 9.8%,初中文化程度占 30.7%,小学文化程度占 44.02%,文盲占 12.73%(其中 15 岁以上文盲占 9%)。近几年,虽然西部地区农村人口受教育水平有所提高,但与东部经济发达地区相比,文化素质差距仍然较大,水平较低。农村居民经济及受教育水平较低的现实状况,是农村读者群体对农家书屋兴趣不浓,图书借阅率低下的直接原因,体现出了西部地区农家书屋发展基础还比较薄弱,全面快速发展的契机还未真正来临。

四、农家书屋的"钱"的问题

任何经济活动乃至政治活动、社会活动、文化艺术活动等,都有一个资金成本与资金保障的问题,农家书屋建设也不例外。如果不考虑资金成本,没有筹措到必需的保障资金,农家书屋建设只不过是停留在口头上、文字上的美好愿景而已。

公共财政保障是公共文化服务项目建设资金的主要来源。但目前农家书屋工程财政保障机制不健全、政府投入不足的问题突出。一是所需建设资金没有列入政府财政预算,二是没有落实配套资金,三是农家书屋工程后续管理的工作经费没有落实。

农家书屋的资金投入以政府投入为主导,主要以地方政府投入为主。但是,这样的资金政策落实起来却存在一定的困难。虽然从总体上看,财政对新农村建设的投入数量不低,但是由于农家书屋建设涉及方方面面,所需资金量大,因此部分地方财政投入仍显不足。特别是县、乡镇级,由于本身的财力问题,要在财政投入上有较大的增量,感觉到心有余而力不足,难度较大。乡镇由于历史的原因,形成的负债较重,偿还压力较大,地方政府债务已经成为影响基层政权稳定的一个风险所在,尤其是取消农业税以后,现有的政府转移支付机制还不能立即有效地解决地方政府的债务困难,制约了其为农家书屋建设投资的能力。

从农家书屋的普及性看,要建设的网点多,按照国家书屋建设最低标准,每一个农家书屋配备图书 1500 册、报刊 30 种、电子音像 100 种、书架 5 组、阅览桌 2 张,村负责房屋及管理人员工资等,先期投入至少每个农家书屋就要 3 万元。然而,一个农家书屋建设起来以后,它还需要不断完善新内容、充实新图书。这些图书由谁来充实,用什么经费来充实? 这些都还没有明确的要求。同时还包括基本的新书采购、报纸杂志订阅、管理员工资与电费等。现在省级财政对于图书管理员有工资补贴每月 100 元,其他正常维持费需要村委会负责。如果村财政拮据,则会导致村图书室无法订阅报纸杂志,增购新书。

1. 后续资金保障问题

前期投入建设很有积极性,到后续建设热情减退,资金投入就成了首要的问题。国家还没有确立"资金投入的硬性约束机制",只是在农家书屋的发展规划中做了简单的要求,对后续的设备更新、管理、运行等大量费用没有硬性约束指标,农家书屋的持续发展得不到保证,资金投入的组织协调分工问题也没有解决。农家书屋建设采取中央、地方政府各部门共同协调实施的领导方式,会形成部门相互之间责任推诿,无法保证其长效投入机制。

2. 使用、核算、监管不规范

很多乡镇和村级组织在农家书屋建设资金核算和管理方面存在

不统一不规范、项目资金核算与项目管理相脱节等问题,影响了"农家书屋"建设资金作用的发挥,亟待进行纠正和改进。个别地方书屋建设未按照有关部门所定标准足额使用专项资金,有的未配音像制品,有的未配期刊,有的书柜制作简易不达标,有的未按照政府采购方式规范使用。

核算不规范、制度不健全。一是有的农家书屋建设没有一套完整的财务管理制度,未设立专账核算财政农业专项资金,专项经费与经常经费混用,虚列专项资金支出,专项资金使用审批、报财程序、报财手续不严谨及支付大额现金。二是原始凭证所反映的支出内容不真实、不准确,与项目资金规定用途不一致,存在大量"白条"或用当地税务部门代开的发票,弄虚作假、挤占、挪用、套取专项资金。三是专项资金拨付不能及时到位,有滞留专项资金的现象。资金往往集中在第三、第四季度拨付,在年底形成大量的结余,未及时拨付落实到实施项目上,导致年度资金结转数额较大,影响了资金使用的时效性和资金使用效率。

农家书屋建设财政资金的使用管理还处于摸索起步阶段、缺乏有效的制约监督机制,资金使用监督责任不明,资金管理失去应有的监控。同时,农家书屋实施过程缺乏有效监管,竣工验收不及时、不到位,缺乏专项资金的绩效评价体系,对农家书屋的管理和效益的评价责任不明等,这些问题都将影响农家书屋建设财政资金规范、安全、有效使用。

3.一般性投入和重点投入的关系问题

农家书屋建设工作,要正确处理点与面的关系,既要避免平均着力,又要防止以点代面。一般与重点的关系,在一定层面上表现为普及与提高的关系。提高应是普及基础上的提高,普及应是不断提高的普及。既不能搞平均主义又不可热衷于制造样板,把"表面工程"搁在一边。鉴于底子薄弱、资金有限,无论硬件设施还是软件设施,首要标准都应是经济适用,不应倡导缺乏普遍意义的过高标准,不能滥用资金。

要精心研究农家书屋建设工作的业绩衡量问题,用科学的考评方法为建设工作树立正确导向。解决农民"买书难、看书难"的问题,需要真抓实干求实效,需要通过较长的时间实践来展现、考验和巩固工作成果。形式主义的片面化、表面化、眼前化考评标准,会诱使一些地方放弃必要的一般投入,制造畸形的重点投入,牺牲长远真正效益,追求立竿见影的效果。

五、农书书屋的"环境"问题

1. 全民的阅读习惯问题

农家书屋建成了,还要把它用起来,要农民真正都走进农家书屋,否则长期下去只会是一个虚无的摆设。但我国农村还存在一个很大的现实情况,就是农民的阅读习惯还没有形成。据 2008 年年底的第四次"全国国民阅读与购买倾向抽样调查"显示,农村居民本来就不高的读书率正呈下降趋势。

改革开放以来,老百姓生活水平提高了,但没有良好的娱乐休闲方式,平时大多以打麻将为主。以前是富人才玩,现在是不分贫富,全民参与,形成了新时期一种特有的文化景观。经常可以见到所谓的文化活动中心的主要内容是自动麻将桌,设备先进,生意红火。一边是小孩子书声琅琅,一边是大人们麻将哐哐,形成了颇具讽刺的景观。

农民是农家书屋工程的主体,农民的阅读状况决定着农家书屋的存亡,如果农民的阅读兴趣不浓,农家书屋就像没有市场的商品,即使政府下再大的决心,花再大的力气,也不能长期发展存在下去。另外,农民工进城打工潮使大部分有知识的青壮年人员离开,原本就文化底子薄、读书人口少的农村更是失去了最佳读者群,许多农村已成了妇女、儿童、老人的留守处,基础设施再好的农家书屋也只能让图书"独守空房"。

2. 组织协调问题

农家书屋建设主体不明,领导体制不顺,政出多门。2007 年中央八部委联合发布的《农家书屋工程实施意见》中明确指出:农家书屋工程由政府组织建设,具体由国家新闻出版部署会同其他七部委联合成立农家书屋工程协调小组,负责全国农家书屋工程建设的组织实施;省级新闻出版行政部门会同本地区有关部门,设立相应组织协调机构,组织实施本地区农家书屋工程;省级以下新闻出版行政部门会同当地有关部门,负责配合县、乡、村党政组织做好当地农家书屋建设工作。由此看出,农家书屋工程建设,在省级以上(含省级)是由新闻出版行政部门牵头,其他相关部门配合的领导建设体制,而省级以下的地(市)、县等则是由党政组织牵头,新闻出版部门配合的建设体制。但实际情况是,各地政府部门大多在建设中并没有成立与上级相对应的农家书屋建设领导协调机构,工程建设缺乏统一领导,政出多门,导致农家书屋建设质量要求不严、标准不高,尤其是各县、区自建农家书屋的尤为突出。有的县由组织部门牵头援建,有的县由文化局组织援建,还有的地方又是以农工部或扶贫办组织新农村建设帮建单位进行援建。各县、区建设各有特点,出现了发展不平衡、缺少科学规划,对图书数量和质量把关不严、培训管理不能同步跟上等问题。一些协调力度不够,部门之间相互扯皮和推诿,导致农家书屋工程建设进展缓慢。一些地区急于求成,只要数量不重质量,没有达到最低标准。一些地区服务手段单一,缺乏主动意识,农家书屋的作用没能得到充分发挥。

3. 农家书屋建设中存在各种价值认识问题

农家书屋建设中存在各种价值认识问题,错误的价值认识和评价成为农家书屋建设的阻力。考察农家书屋建设中的各种价值认识之前,需要对农家书屋建设的相关利益主体进行适当划分。按照各主体在农家书屋建设中的地位,可以把他们分为中央和省级文化主管部门、学者、基层政府和农民四类主体。

中央和省级文化主管部门是农家书屋建设的提出者、主导者和推动者。他们从公共文化服务的角度出发,针对基层尤其是农村地区广大群众的需要,坚持把满足人民群众的基本文化需求放在首位。虽然也看到了农家书屋在传播科技文化、提高农民素质、促进农村经济发展、农民致富方面的作用,但总的出发点和落脚点是维护农民的基本文化权益。学者与中央观点基本一致,也主要从提高农民科技文化素质、促进农村经济发展、增加农民收入、维护农民权益方面看待农家书屋的价值。但与中央稍微不同的是学界侧重于农家书屋在农民素质提高、农村科技经济发展、农民致富方面的作用,在解决农民致富问题上,对农家书屋寄予过高期望。基层政府是农家书屋工程建设的执行者,而且是主要投资者。笔者调查的一个经济欠发达地区的县政府对农家书屋作用的认识比较悲观,投资建设的积极性不高。他们的理由一是基层政府财政困难,二是当地留守农民文化素质太低,没有能力看书,而且农民没阅读习惯,农村不需要图书,建了农家书屋也是浪费。由于没有有效的利益诉求表达渠道,经济欠发达地区的农民对要不要建、怎样建农家书屋等问题目前处于失声状态。

对于农家书屋的价值,不同主体有不同的认识,特别是基层政府与中央、学者、农民对农家书屋的价值认识差别最大。因此,有必要对价值认同问题进行研究,最大限度地实现价值共识,减少农家书屋建设的阻力。

4. 缺乏法律的保障

图书馆法是国家制定或认可的有关保护图书馆事业建设和发展的法律,是调整图书馆事业管理、图书馆读者服务和图书馆内部活动中产生的工作关系及与其直接有关的人身、财产关系的法律规范的总和。换言之,图书馆法就是调整图书馆系统中产生的各种社会关系的法律规范的总称,是处理国家与图书馆、图书馆与读者、图书馆与图书馆之间的各种关系的法律规范,是国家图书馆政策的具体化和定型化,具有强制性、规范性、概括性、稳定性等特点。国外图书馆事业高度发达,其重要的原因是在法律制度方面的保障。

在我国,目前还未颁布全国性的"图书馆法",只有部分省市出台了地方性图书馆条例和其他有关图书馆事业建设和管理的文件。基本上都是由政府行政主管部门以政府的名义发布的,法律效力层次低,很难构成对"农家书屋"建设的有力支撑,公共图书馆服务体系的建设缺乏强有力的法律制度保证。

第二节　农家书屋的可持续发展对策

当前,全国各地都在积极发展和建设农家书屋,有些省市地区的农家书屋工程实施时间还不是很长,从工程建设状况来看还处在全面建设阶段,所以必然面临一系列的问题和挑战,我们下一步的工作重心应该由"建设"转向"发展"。尽管全国各地的建设进度发展情况有所不同,各地的文化、社会、经济也有着不同的特点,但是要把农家书屋建设好、用好的目标是一致的。带着实际调研中遇到的问题,笔者收集了大量各地农家书屋建设发展的资料,对其成功经验进行深入分析,基于个案调查的视角,笔者有针对性地提出了一些对策和建议。

一、以满足受众需求为中心,改进农家书屋出版物选配工作

1. 科学选配出版物

农家书屋作为旨在惠及广大群众的民生工程,其重点要落在"惠"字上,也就是说要让老百姓切切实实地感受到农家书屋给他们的生活带来的实惠。实现这一目标,除了建好"屋",更要有好"书"。加强内容建设,进行科学的出版物选配应该以满足农民群体的需求为中心。

2011年9月,全国农家书屋建设指导工作专题培训班在北京开班,作为一个参加培训的基层工作者,笔者有幸参加了培训班的交流与研讨活动。在培训交流期间,北京市新闻出版局做的"抓住三个关键环节,推动书屋长效机制建设"的经验交流给笔者留下了深刻的印象。他们在交流中主要阐述了三个做法。第一,益民书屋怎么建,农民自己说了算。一是选书要让农民群众说了算,提供给益民书屋的装配图书有80%由农民参与选择;二是读者也要让农民群众说了算,读什么书,办什么活动,要征求农民群众的意见;三是让益民书屋服务于农民群众的生产生活,狠抓书屋管理,提高书屋服务水平,方便农民群

众阅读;四是不仅要让农民群众读书,还要鼓励有条件的农民作者写书、出书,培养农民作家、平民作家。第二,益民书屋怎么管,"三个建设"是关键。一是制度建设。北京是先后出台了《北京市读书益民工程总体方案》《益民书屋建设方案》《北京市读书益民工程采购招标工作实施办法》《北京市读书益民工程资金使用管理办法》等文件,建立了资金审批、书目评选、样书审查、检查验收、档案管理等制度。二是队伍建设。各区县建立了由村干部、退休教师和普通村民组成的管理队伍。怀柔区文委拿出 170 万元专项资金,为文化志愿管理员提供每月人均 400 元的津贴,由乡镇文化站负责管理员的日常考核管理和补贴发放,每年还评选优秀管理员并给予奖励,以调动基层工作热情,提高对益民书屋管理的重视度。三是品牌建设。为了提高益民书屋服务水平,北京市在全国率先建立了"星级书屋"评比制度,以评促建、以评促管。根据益民书屋的硬件设施,运行管理、服务质量、读书活动和借阅效率等,把书屋划分为一至五星级,对不同星级的书屋给予不同的奖励。第三,益民书屋怎么用,全民阅读是手段。建设益民书屋,关键是要充分发挥其功能作用,让书屋真正动起来、忙起来、用起来。多年来,北京市益民工程以益民书屋为平台,组织开展读书知识竞赛、演讲比赛、读书月、赛诗会等一系列丰富多彩的活动,激发了农民群众的读书热情和阅读兴趣,不断提高书屋的利用效率。

2011 年,北京市以新闻出版总署农家书屋工程建设领导小组办公室编制的《2010—2011 年农家书屋重点出版物推荐目录》为基础,面向国内出版发行单位征集益民书屋样书。出版、发行单位积极推荐优秀产品,经有关部门初审合格,前后共征集了 13 713 种图书、41 种报纸、148 种期刊、768 种音像制品及电子出版物。2011 年的候选品种是往年的近 3 倍。

为了做好 2011 年的选书工作,由北京市新闻出版局成立了选书工作领导小组,北京市新闻出版局副局长任组长,各成员单位有关负责人为小组成员,负责指导选书工作。选书工作分为三个阶段:第一阶段,面向国内出版发行单位征集样书;第二阶段,对样书登记造册,送有关部门审查,并编制候选书目;第三阶段,组织农民选书团选书。先按照分类选择推荐书目,再以各区县为单位选本区县益民书屋所需出版物。整个过程都以农民群众、社区居民的意见为准,专家只为选书代表提供咨询。选书结果由读书益民工程领导小组成员单位共同审定。严密的选书程序确保选书过程公开、公平、公正和规范。

农民选书团在北京发行集团台湖出版物物流中心选书

根据本次选书会的评选结果,编制《2011 年北京益民书屋出版物目录》和《2011 年北京市益民书屋出版物备选目录》,并按照此目录配置益民书屋的图书。

2. 建立信息反馈机制

根据使用与满足理论,满足受众需求是农家书屋建设的重要方面。在笔者的调查走访中看到,大多数农家书屋都会配有《出版物需求登记簿》和《出版物借阅登记簿》来记录当地居民借阅出版物的情况,通过这两个册子可以较为清楚地看出各个地方具体的出版物需求情况。

出版物借阅登记簿

借阅日期	出版物名称	价格	归还时间	借阅人	备注
2012.3.15	红楼梦	42.50	2012.4.15	张三	
2012.3.16	三国演义	42.50	2012.4.16	李四	
…	…	…	…	……	
…	…	…	…	…	…

但是在实际运行中,这些需求信息并不能很好地得到反馈。一方面,这些数据信息并没有得到妥善的保管;另外,很少有地方能够对两本册子的信息进行统计分析,大多流于形式而很难将信息及时反馈。这就需要建立起信息反馈机制来保证出版物的更新能够满足农民群体的阅读需求。

首先,用于出版物更新的后续资金要得到保证,需合理安排财政投入和社会捐助的经费和物资。进行资金预算规划时,要把出版物后续更新的资金预算作为一项固定支出预算。

其次,要通过建立出版物需求信息反馈方案,确定出版物更新的品种,做到有的放矢。针对一些时效性要求不高但普适性较高且保存完好的出版物,可以长期保存,作为农民常备的资料库。针对时效性要求较高、技术信息内容变化较快的出版物,要及时地进行更新。分管部门除了根据国家的图书推荐目录确定新的更新图书品种外,还要与重要的农村专业出版机构、大的出版发行机构建立长期的联系沟通渠道,把出版发行单位提供的动态信息作为更新依据。

除此之外,基层"农家书屋"作为信息反馈最直接的端口要把受农民欢迎,农民需要的出版物反映上去,从而确定更新出版物的品种。最后,在更新周期上要有一定的制度约束,要根据"农家书屋"的规模和农民的实际需求借阅量来确定出版物更新的周期。

二、探索以政府投入为主体的多元之策

1. 政府加强规划,编制农家书屋专项预算

据有关资料显示,我国文化事业费占财政支出比重比较低,而且文化投入偏重于城市。因此必须坚持"多予、少取、放活"的原则,不断加大政府对农村公共文化服务事业建设投入和支持的力度,扩大公共财政覆盖农村的范围,加大文化资源向农村的倾斜。

政府要加强规划,可以探索建立农家书屋建设和运行的专项资金,分年度纳入政府财政预算。财政、审计部门要及时跟进,加强监督管理,保证专款专用。为支持地方农家书屋工程的实施,规范和加强农家书屋工程专项资金的管理,提高资金使用的安全性和有效性,2008 年 8 月 12 日,财政部、新闻出版总署印发了《农家书屋工程专项资金管理暂行办法》。

湖北省在这方面也做了积极探索。湖北省人民政府办公厅出台了《关于农施"农家书屋"工程的意见》。该文件规定:要加大财政扶持力度。将本地区农家书屋建设和基本运转经费分年度纳入政府预算,采取切实有效措施,扎实推进本地区农家书屋工程建设。农家书屋工程资金要全部用于书屋所需出版物和相应设备的配置。按照省政府要求,全省各市、州、县(区)都列入专款用于农家书屋工程建设。2008 年武汉市政府列入专款 400 万元用于农家书屋建设。各区都有专款列入:东西湖区 60 万元,蔡甸区 29 万元,江夏区 55 万元,洪山区 108 万元,黄陂区 180 万元。

2008 年中央财政拨付广西农家书屋工程专项资金 3040 万元,自治区财政配套资金 760 万元,专项用于建设 1900 个农家书屋。为落实好、管理好农家书屋工程专项资金,广西新闻出版局主动与区财政厅协商,制订专项资金使用计划和方案,明确专项资金的使用管理和市、县财政配套等问题。一是中央财政拨入的专项资金和自治区本级财政配套资金,全部用于农家书屋出版物购置;二是农家书屋的用房、书架、牌匾等设施由受益当地市、县级政府根据实际情况予以解决;三

是农家书屋所需出版物,采用竞争性谈判的方式进行政府集中采购。为敦促市、县级尽快落实配套资金,确保基础设施配套到位,广西新闻出版局于 2008 年 11 月、12 月两次发文,要求广西各级新闻出版部门积极争取当地政府和财政部门的支持,催促落实专项配套资金,并要求抓好每个书屋配套设施的落实。2008 年辽宁省财政厅破例在原有工程预算的基础上,追加预算 600 万元,使当年省财政投入的农家书屋建设资金达到 1500 万元。2010 年,在受金融危机影响的情况下,省财政厅还想方设法安排了农家书屋建设资金 3640 万元,并从 2011 年预算中提前预支了 1360 万元,使 2010 年省本级农家书屋建设资金达到 5000 万元。各级财政有力的支持为建设好农家书屋工程提供了重要保证。

陕西泾阳县修石度村村民在农家书屋看书

2. 探索资金多元参与投入机制

全国农家书屋工程初期建设和后期运行需要大量投入资金。这项工程在"十一五"期间,计划在全国建立 20 万家农家书屋,到 2015

年基本覆盖全国的行政村。2009年,仅中央财政就安排13.954亿元专项资金,用于农家书屋工程建设,另外,按照农家书屋建设要求,各地方政府都要按相应比例,投入配套资金。国家取消农业税及其附加后,县乡基层财政收入减少,特别是在中西部较贫困落后地区,对地方财政收入影响较大。尽管国家鼓励各种形式的捐赠,但毕竟捐赠也有一次性特点,投入有限。在现阶段,各级政府财政收入有限与农家书屋持续运行所需大量资金之间的矛盾,必然要求在现阶段探索农家书屋投入尽可能多元化,增强农家书屋可持续发展能力。

(1)发挥农家书屋覆盖面广的特点,增加广告投入

农家书屋建设数量巨大。在"十一五"期间,农家书屋工程计划全国建立20万家,到2015年基本覆盖全国的行政村,这将影响8亿多中国农民。8亿人是一个巨大的受众体市场。负责农家书屋建设的部门可以探索合适的形式,在农家书屋植入企业广告。比如,在农家书屋的牌匾周围加上企业产品的信息。这样的做法不会对农家书屋产生什么不利影响,但对加入广告的企业公司来说,很好地宣传了自己公司品牌和产品信息。特别是对一些专门服务"三农"的企业和公司,这样的广告投放更具针对性。

至于具体实现形式,农家书屋主管部门可以探索竞标等方式,让企业参与到农家书屋广告投放中来。农家书屋主管部门也可采用委托代理形式,把农家书屋广告投放位转让,让有专门广告投放经验的公司来负责运作。这样,政府可以减少负担,集中精力做农家书屋组织领导工作。

(2)利用基金会的形式,增加融资渠道

在美国通过各种类型的基金会为图书馆募集资金,已经成为美国图书馆获得资助的非常重要途径之一。美国基金会数量多,资产总额大。截至2005年,美国共有71 095家基金会,其总资产达到5505.5亿美元,占美国GDP的4.41%。它们推动了美国公共事业的巨大发展,公共图书馆部门也收益颇多。据统计,从2000年到2006年,美国各类基金会对图书馆的捐赠更是累计达到了14.96888亿美元。这些

发展经验应结合我国实际加以利用,推动我们农村图书馆事业的健康发展。

尽管在2007年9月,新闻出版总署在北京委托"中国光华科技基金会"设立了农家书屋工程发展基金,为农家书屋建设工程募集资金,但农家书屋工程仍然有很大的空间来扩大与社会各种基金会的合作。

①按照我国相关法律要求,组建各省农家书屋工程基金会,便于本省企业公司、个人的捐赠。这种形式目前较适合我国中东部经济发展快、企业公司数量大、经济实力强的省份。

②加强与海外各种相关基金会的沟通与联系。现在有海外中国教育基金会的图书项目,如健华图书馆联盟致力于与乡镇政府联合,中国青树乡村图书馆服务中心和新华财经图书馆基金会等。这些海外华人基金会对西部图书馆发展做出了卓有成效的贡献。如:中国青树乡村图书馆服务中心努力为边远贫困地区学校设立学生服务,同时面向社区开放乡村中学图书馆;新华财经图书馆基金会的使命是在中国的偏远乡村建立图书馆,借此帮助当地村民通过知识摆脱贫穷等等。在2009年3月8日的《中国文化报》上刊登了四川北川图书馆得到国外Claus王子基金会的资助,金额达12万欧元。这些形式的基金会一般较适合西部贫困地区捐建。

(3)采取多种经营方式,增强自身的造血机能

农家书屋也可以探索让管理员经营部分图书。凡是符合一定条件的书屋管理员可向主管部门提出申请,上级主管部门经过严格审核后,给予其经营权。这样,首先可以调动农家书屋管理者的积极性,从而保证农家书屋开放时间;另一方面,增加了农家书屋的资源。

三、提高资源共享率,降低农家书屋投入成本

1. 利用网络信息技术,降低图书信息资源的获取成本

我们现在正在不可避免地与全球一样进入了网络时代。网络信息技术也正在深刻地变革着我们整个社会生产和人的生活方式。网络信息技术对农家书屋未来的发展来说,既是一个挑战,更是一个

机遇。

数字信息资源最大的特点是具有共享性,表现为同一内容在同一时间可以供多人使用。而我们传统的存放在纸质上的知识信息,如要同时供不同人使用,必然是要这样的纸质材料做多份的复印本,这也不可避免地增加成本。

现在,与我们农村和农民相关的数字化信息知识资源已经大量存在。如全国很多地方都建立起自己的农业数据库,在这些数据库中包含有农业技术、农业政策法规等多方面知识信息。农民不仅可以从这些数据中获得最新的有关"三农"知识,而且降低了获取这些知识信息的成本。现在一些已建设好的农家书屋中配备了电脑,农家书屋应该充分利用这些信息网络技术条件,这样一方面农民不仅能获得更多知识信息技术;另一方面,农家书屋可以减少纸质图书配备,大大减低农家书屋的投入成本。

辽宁省营口市农家书屋数字资源使用培训

2. 与公共图书馆、高校图书馆合作,增强图书信息资源流动性

图书馆应构建总分馆城乡一体化的图书馆管理服务模式。目前,

浙江省嘉兴市在这方面做了有益的实践探索。嘉兴市图书馆系统采用总分馆城乡一体化的图书馆管理服务模式所取得的成就也得到业界的认可。

公共图书馆作为公益性知识与信息中心，理应充分发挥公共文化服务的重要功能，充分利用自身书刊资源优势，努力实现与农家书屋的书刊资源共享。事实上，由于我国公共图书馆最低层级只设置到县（市）级，使得其读者绝大多数为城镇居民，因而很多公共图书馆涉农书刊查阅人次很少、流通率较低，而这类书刊农民又恰恰最感兴趣，很适合农家书屋陈设。高校图书馆书刊流通率虽然较高，但由于高校师生对时政新闻关注时效性高，过期政策性、娱乐性刊物报纸乏人问津，这类刊物却非常适合农民需要，农家书屋又无钱购置，因而具有拾遗补阙的重要作用。图书馆非流动资源与农家书屋紧密结合，为构建区域图书馆联合体创造了良好的需求基础。

对此，建议通过行政权力干预，构建以地（市）公共图书馆为龙头，区域内高等院校图书馆为辅助，地（市）所辖各县（市、区）图书馆之间密切协同，各乡镇图书馆作为支点的纵向图书馆联合体，合力整合在城市流通率低而农民又喜闻乐见的书刊资源，以及农业技术、市场信息、科研成果及实用性技术、农村文化建设、法律法规及方针政策等方面的信息资源，通过乡镇图书馆和农家书屋在农村循环借阅，为广大农民提供种类繁多、形式多样、内容丰富和农民看得懂、用得上的优秀读物，以无成本或极低成本就能丰富农家书屋藏书，增加农家书屋吸引力，提高区内书刊利用率，实现书刊、报纸文献资源的区域共建共享，实现在政府缺乏后续投入的情况下的农村文化繁荣。

吉林省延边朝鲜族自治州在农家书屋建设中依托县（市）图书馆，把图书馆收集、整理、典藏等业务引入农家书屋管理中，使农家书屋建设更加规范有序。延边州目前已建成农家书屋400个，书屋管理员多由村妇女主任、会计或退休教师担任。他们对书屋管理工作有较高的积极性和责任心，但出版物真正配送到位后，他们又普遍感到力不从心。针对这种情况，延边州农家书屋工程建设领导小组办公室提出，规划指导工作由州、县(市)新闻出版行政部门负责,出版物管理、管理员培训及其他业务性工作全部交由县(市)图书馆负责。对出版物已经配送到位的村,由图书馆组织专业人员深入每个书屋进行现场指导,分类登记造册、上架摆放、张贴图书分类标签均按照图书馆的管理规程进行;对出版物尚未配送到村的地方,集中系统培训各拟建书屋的管理员,确保农家书屋建设从一开始就步入正轨。

3.农民自有图书资源在农家书屋中的共享

农民自己手中也有一定数量的图书,农家书屋应该充分把这些图书利用起来。农家书屋管理者可以鼓励农民捐赠出来,但对农民自己一些珍贵的书籍,他们可能不太愿意捐赠,还可以探索别的方法,比如实名登记,让农民把图书放到农家书书屋来,供别的农民借用,等过了一定时间后,可以让农民把图书取回去。另外,农家书屋对这些农民要给予一定的奖励和鼓励,比如,凡把自家图书放到农家书屋的农民,农家书屋可以增加他们借阅图书的数量等。

四、以农民为中心,实现资源利用值最大化

为培养农民阅读兴趣,要配合有关部门,加大文化教育宣传力度,营造良好的读书氛围。农家书屋也是一个产品,需要做广告宣传。相关领导部门要根据当地实际发展情况,宣传科教兴农的战略,让农民认识到用科学文化知识改变落后经济现状的重要性。要大力向农民宣传农家书屋的服务作用,让他们认识到农家书屋的功能,从而首先在思想上认识并接受农家书屋。

围绕推进全民阅读,江苏近年来积极创新全民阅读的组织形式,大力推进农家书屋建设,推动阅读活动与农家书屋有机结合;广泛开展各种读书活动,南京读书节、苏州阅读节、淮安农民读书节以及新闻出版局组织开展的苏版图书"进企业、进农家、进社区、进军营、进学校"活动、向全省青少年推荐"百种优秀苏版图书"活动、"送书到未成年犯管教所""送书给农民工"等活动,受到社会各方面的欢迎。全民阅读活动的开展,有力促进了全民文明素质的提高和经济社会的全面协调发展,为又好又快推进"两个率先"提供了精神动力和智力支持。

1. 整合农村文化资源,创新服务方式

我国农村在以前都开展过各种文化活动,如送书下乡、电影放映周等文化下乡活动,但由于种种原因,很多地方都办成了走形式的活动,文化资源未得到有效利用,基层文化站的作用没有得到充分发挥。农家书屋可以与各个文化主体沟通协作,利用相关的文化设施及人力,配合相关文化部门的活动规划,共同开展一些相关文化活动,丰富农民的文化生活,扩大农家书屋的影响。如可以充分利用各地的文化站举办文化会演、专题讲座等,配合政府的精神文明建设内容,请相关部门领导开展有关法律法规和国家政策信息的讲座,引导农村的精神文明建设;或联系相关教育部门开展知识竞赛、书画比赛、诗歌朗诵等,提高农民读书学习的积极性;通过举办主题读书活动周,引导农民的读书方向;举办文化科技展览开阔农民的视野;请当地技术员做相关科技知识的专题讲座,或请当地率先富起来的农民传授经验,当地科技示范户、学校教师给农民补习文化,上实用科技辅导课,让农民认识到科学文化的重要性,树立起科教兴农的意识。

在媒体形态多样发展的今天,农家书屋要丰富其内容表现形式,积极地采用多种媒体来丰富农家书屋的文化生活,可以通过播放农业专题片的方式,在专业技术讲座中配置相关投影设备来演示比较复杂的一些内容便于农民理解,还可以提供电脑上网供农民查阅相关信息。农家书屋的内容服务方式就是把握文化科技发展的最前沿,要给农民提供最丰富多样的、形式最便利的服务,让农民从农家书屋中获得最大的收益。总之,通过这些活动,丰富农民的精神文化生活,营造良好的文化氛围让农民认可农家书屋,关注农家书屋,愿意到农家书屋来,从而调动农民阅读学习的积极性,使农家书屋成为农村文化娱乐的中心。

2. 与出版发行单位共建,形成双赢

农家书屋是我国出版业一个重要的发展机遇。出版发行单位可以借助"农家书屋"这个平台举办各种营销活动来开拓农村出版物市场,而农家书屋也可以借出版发行单位的资源来丰富自己的文化活动内涵,更大程度地吸引农民来到农家书屋。出版发行单位可以组织优秀农业科学家和优秀作家组建农家书屋专家演讲团让他们深入农家书屋基地,与农村读者沟通,举办农业科技和知识等讲座,同时要求这些专家演讲时能把深奥知识通俗化,专业理论大众化,使农民听讲座如同看戏,既有趣味,又有知识性。通过这些活动,将农家书屋办成集休闲、长知识与娱乐于一体的公共场所。

江苏省的农家书屋部分采取了与出版社共建的形式,在充实农民文化生活,营造读书氛围中进行了多种尝试。如结对共建为指导阅读、营造读书氛围、培育书香社会提供卓有成效的平台,得到了广大农民群众的热烈响应。出版发行单位也可以在农家书屋通过举办出版物的打折让利展销活动,一方面展示本单位的出版发行动态;另一方面通过出版物打折销售也给广大农民提供了切实的实惠。同时,也为农村出版物市场的培育营造了很好的氛围,形成售书、买书、读书的良好互动局面,使农家书屋成为一个出版物交流互动的中心,让更多的农民认识到农家书屋的意义,并逐渐认可农家书屋。

五、优化农家书屋可持续发展的出版环境

农家书屋是一个综合性系统工程,它的可持续发展与外部环境支持有重要的关系,作为与农家书屋建设密切相关的出版业是农家书屋可持续发展的重要保障力量。只有完善农家书屋的出版环境建设,才能够保证其可持续发展的长效机制。

1.树立长期扎根农村出版物市场的战略意识

我国目前出版农村出版物的专业出版单位不多,大的国家级专业出版单位主要有中国农业出版社、金盾出版社等。但总体上来说,出版的力量总体实力不强,出版的力量分散,没有形成持续发展的合力。很多出版单位出版农业出版物没有形成一定的战略规划,没有长远的开发意识,多是一些短期行为,随意性比较大。比如看到农村某方面的题材市场销售好,就盲目跟进,推出相似种类出版物。如果短时期

受挫效益不明显,就会减少或停止开发,这势必在很大程度上对农村出版物的持续性造成影响。出版单位要认识到我国农村出版物市场的开发不是一朝一夕的事情,要立足于长远,不能以短期利益来衡量农村出版物市场。要真正开发农村出版物市场,就要制订农村出版物的长远战略规划,定位自己的出版方向和目标,从战略层面认识到农村出版物市场开发的潜力和必要性。只有这样,农村出版物市场的长远发展才有根基。

2. 立足农村出版物市场,贴近农民需求

要真正开发一个市场,就首先要了解一个市场的特征。我国农村由于特殊的自然经济生态环境,对图书的需求必然与城市市场有很大不同。出版单位要在选题开发之前做好充分的准备,了解农村出版物市场的特点,从农民切实的需求出发,出版农村出版物市场真正需要的书,销得出去的书。

(1)立足农村,了解农村发展动态

我国出版单位在开发农村出版市场时,常常没有充分做足市场调查,不了解农村的现实发展情况,信息更替速度慢,致使出版物内容陈旧、实用性差,严重制约了农民对出版物的需求。我国农村近些年来经济社会发展变化很大,已不再是传统的农业生产形式,产业结构和形态都发生了很大变化。比如大量乡镇企业的出现,观光农业的出现,种养规模扩大,种养项目增多,大量新科技被运用到农民的生产生活中去等。这些新形势的出现都要求出版工作者重新了解农村,不能停留在以前的认识上,出版要跟进农村形势的发展变化,追踪现代化科技的发展和国家产业结构调整的新政策,及时进行调整更新,开发农民用得上的出版物品种。金盾出版社在这方面就做得很好,比如他们对种植养殖图书,由开始主要反映传统的种养技术,到后来调整为无公害种养技术,现在又转向标准化种养技术。再比如,由开始主要反映大众化的种养技术,逐步开发了出口产品种养技术和特种种养技术。2006 年出版的养貂、养貉、养狐狸技术图书,年销量都在 5 万册以上,收到了显著的效益。出版单位要加大农村出版物市场的调研,组织专门队伍到农村第一线去,切实了解农村的发展变化,摸清农民真正需要的是什么类型的出版物。切忌以出版者自己的意志代替农民的意志,要把农民实际需要放在第一位。

(2)进行读者细分,多样化满足农民需要

在了解市场的同时,出版单位要依据农村出版物市场的读者特点进行市场需求细分。在农村,农民由于地区自然、产业、文化等不同,会有众多不同的需求。随着农民生活水平的提高,农民群体的生活方式呈现了多层次、多元化的趋势。出版单位要全方位开发农村出版物市场就要认识到需求的存在,定位自己的方向,把农村出版物市场做细做好。比如金盾出版社在出版"三农"图书方面,针对农村、农民这个读者定位,除重点抓好三大支点图书外,还出版了与之相关的农业机械使用与维护、农民工进城务工知识、农村常见病防治,以及适合农村孩子阅读的少儿读物等,甚至对那些明知出版后要赔钱,但在某些地区农民中又急需的图书,也有意识地安排出版。金盾这种全心从农民需要出发,全方位开发农村出版物市场的意识,使金盾的品牌已深入农民的心中,就像一些农民读者所说的"要买农民书就去找金盾"。

(3)注重内容的通俗性

由于农民文化水平的限制,出版单位在出版农村出版物时,还要考虑他们的阅读水平和接受能力。从我国农村出版物内容和形式上看,很多出版单位没有做到充分考虑农民的实际情况,忽略出版物的实用性和可操作性。一些出版社出版一些大部头的农业专著,理论性强,纸上谈兵,实际操作性差,农民根本无法理解;或者一些图书没有用农民熟悉的易理解的用语去讲解,出现很多专有名词,晦涩难懂,这些因素都在一定程度上制约了农民的需求。以图书为例,出版社在图书内容和表现形式上要以尽可能通俗的语言,减少专有名词术语的使用,并配以生动的图片,来强化图书的可读性。有条件的可多开发相关内容的电子音像产品,以图像来增加内容的亲近性。总之,尽可能使概念的表述直观化,深奥的理论通俗化,复杂的技术形象化,贴近农民的阅读心理和水平。农民看得懂了,用得上了,农村图书自然就有市场了。这也是农家书屋服务农民宗旨的体现,图书农民用得上了,书屋才能真正体现存在的价值。如国家图书馆出版社出版的《农家书屋实用手册》、中国人民公安大学出版社出版的《农家生活小窍门——农家新生活小书屋》等。最值得一提的是广东科学技术出版社出版的广东农家书屋系列丛书,包括名优茶生产实用技术、地鳖虫养殖技术、荔枝龙眼化学调控技术、沙田柚早结丰产栽培、番荔枝早结丰产栽培、鸡腿菇高效栽培技术等。这些书籍从各个产业和技术层面给予农民朋友专业性的指导。

(4)降低成本,抵制价格

出版单位要考虑农村的实际情况,针对农民的购买力出版一些农民买得起的出版物。价格高一直是制约我国农村出版物市场开发的一个重要因素。

不少出版社农业科技方面的书综合性、大而全的多,如养殖业大全、种植业大全等,而农民真正需要的廉价实用的单行本少。这些大全一类的书,花钱太多,农民不愿意买。正版书价格太高也是导致农村图书市场盗版书猖獗的重要原因。这些非法出版物蚕食着正版书的市场份额,损害的正是出版者和发行主渠道的利益。在我国农民购买力普遍相对较低的情况下,出版社可以针对农村图书市场出版成本低一些、开本小一些、字号小一些的物美价廉的图书版本,用现代的编辑、印刷、出版复制技术降低图书的生产成本。

3.加大农村出版物出版力量的投入

我国大多数出版单位在农村出版物力量投入上明显不足,影响了农村出版物市场开发的长远发展。出版单位的力量投入主要表现在资金和人力两个方面。首先,出版单位要重点加强农村出版物出版的编辑队伍建设,要从人员专业性角度着手,建立一支热爱农村出版物出版,有敬业精神,并有扎实农业专业知识和出版技能,有较高的政策理论水平、市场调研能力和市场开发能力的编辑队伍;建立一系列相应的人才管理激励机制,最大限度地调动编辑人员的积极性,激发他们的创造性,并保证队伍长期发展的稳定性。这样才能从根本上促进我国农村出版物开发的深度和广度,从而在人才战略上保证农村出版物出版的可持续发展能力。其次,要加强作者队伍的建设。作者队伍的质量和稳定性关系到我国农村出版物出版的可持续发展。农村出版物的核心是农技出版物,它在农业出版物中占了很大的比例,而农技出版物是一个技术含量很高的出版物品种,其内容直接关乎农村的经济发展。因此作者的选取就至关重要,出版单位要着力开发一批相关领域的权威专家学者队伍,为农民提供最准确、最前沿的科技知识,保证出版物的质量和实用性。

六、完善评价与考核机制

为了避免农家书屋被做成形象工程,政府必须在现有基础上进一步完善评价与考核机制。

1. 细化考核指标

对工作进行考核评价的前提是考核与评价指标的建立。考核工作能不能做到位,关键就是要看考核指标是否合理。在对农家书屋建设的考核工作中我们首选需要进一步细化考核指标,在硬件指标的基础上加入群众满意度、使用效率等指标,建立一套行之有效的考核评价机制。北京的益民书屋采取了以"评选星级书屋"的方式,以评促建,以评促管,建立起一套行之有效的考核评价与激励机制,不断提升益民书屋的管理水平。他们组成专家委员会,制定相关考核依据,结合实地考察,客观地评选出二星、三星及四星级书屋。这种机制对益民书屋产生了一定的激励作用,并使得益民书屋在具体发展中有了细化的可以参照的指标,成为一种间接性的约束。还有的省市积极争取文明办的支持,将农家书屋工程建设纳入精神文明创建考评体系,作为文明村镇评选表彰的重要考核内容,同时,把援建农家书屋的成效作为文明单位考评的重要依据,将农家书屋建设纳入党政领导班子和领导干部年度综合考核指标体系,每年进行严格的考评考核。有力保证了全省农家书屋工程建设任务目标的落实。

2. 明确责任主体，以奖促管

农家书屋工程是一项多部门共同协调建设的民生工程，在具体建设过程中由地方政府具体落实，牵涉的建设主体较多。因此，只有明确责任主体才能明确考核对象。另外，农家书屋作为一项公益性质的事物，要想方设法调动各方力量的积极性，还需在考核基础上对管理主体进行一定的奖励措施。

七、探索可持续发展的长效监管之策

农家书屋是一项规模浩大的工程，仅仅依靠政府投入是不够的。目前大部分地区农家书屋主要服务内容是无偿向农民借阅出版物，这体现了农家书屋公共服务的社会功能。然而，由于只局限于提供公众服务，农家书屋并不能产生经营性收入。因此，为了保证农家书屋的长远发展，探索适合其自身的经营发展机制就显得尤为重要。从目前农家书屋发展的现状来看，把市场机制和政府行为结合起来，是一条必经之路。

现在我国很多省份已经开始试行这种做法，在坚持农家书屋的公益服务方向不变的前提下，通过打破单一的政府投资，吸纳多种投资主体搞活农家书屋，增强后续发展能力，解决农家书屋的资金来源问题。

四川省的农家书屋建设在这方面进行了有益的尝试和探索，在四川省规划的第一批试点书屋中，依托民营和个体的数量就占 50% 以上。集体经济或个体经济在经营农家书屋的时候，在取得良好社会效益的同时获取更好的经济效益，无疑成为农家书屋发展的另一个强大的动力。要搞活农家书屋就必须打破这种单一的经营模式，创新经营发展机制的道路，突破农家书屋纯公益性服务的发展道路。

1. 经营主体多元化

在实际建设过程中根据各地社会经济情况的特点，灵活选择农家书屋经营主体。通过经营主体的多元化，创新管理模式。比如，村集体经济实力较强，村民较为富裕的，书屋管理员由村委会聘任人员担

任的行政主导型模式;农业产业化结构基础较好,由蔬菜、花卉协会支撑的协会主导型模式;镇图书馆具体协调带动书屋管理型模式;村级共青团、妇联组织扶持管理的社团扶持管理型模式;农民自我管理的农民自主管理模式;乡村志愿者无偿管理的志愿者管理型模式。

还有一些地方,在书屋的服务群体上做了细分,根据不同的人群特点有针对性地建设相应形式的农家书屋。例如天津市为了切实加强公共文化服务体系建设,满足广大城乡居民的科技文化需求,在农家书屋建设工作规划中提出了面向农村、农民的农家书屋、面向城镇居民的社区书屋、面向进城务工经商人员的新市民书屋三种书屋模式。这种以受众为中心的发展模式具有较强的前瞻性。

以产业化协会为主导的管理在一些农业经济并不发达的农业大省非常值得采用,把农家书屋变成加快地方农业经济产业化的桥头堡,让农家书屋真正成为"黄金屋"。在这种模式下,惠农政策能够得到最大限度的延伸,把建设农家书屋与农村基础设施建设有机地结合起来,扩大了资金投入的来源。能够把农家书屋建设成为加速地方农业产业化的发动机,书屋的功能不再局限为文化阅读的场所,而是农技综合服务站、农业产业化信息指导中心和职业化农民培训中心。在这里,农民朋友可以得到最及时的农业产业信息和准确的农技知识指导,并将诞生一大批职业化程度高的农民。

2. 整合农村公共资源

作为一项农村公共文化服务工程,农家书屋工程应属于农村公共服务体系的一部分。然而,在一些农村人口众多的省份,建立一项新的服务体系其难度是相当大的。因此,我们应当整合农村现有的公共服务资源,这样不仅能够提高实际管理中的效率和水平,还能实现农村现有资源的充分利用。

首先,要善于发掘农村现有公共管理体系的资源。例如,农村人口计生网络,农村基层党团组织等。在团组织基础较好的地方鼓励支持村级团组织参与农家书屋管理工作,共青团组织参与农家书屋管理,有利于丰富农家书屋建设和管理资源,实现优势互补、相互促进,对于提升农家书屋管理水平,提高使用效益,活跃基层团的工作,加强青年文化建设,增强团组织的凝聚力具有积极意义。

以黑龙江省为例,他们在农家书屋管理工作中尽可能地从团干部、广大团员青年、青年志愿者和青年创业致富带头人中选用有文化、有策划组织能力,具备相应业务知识,乐于奉献的人员担任书屋管理员,并以县乡为重点,分期分批地组织岗位培训。利用农村青年创业致富带头人培养、农村青年劳动力就业、农村青年文化活动等农村共青团品牌工作项目,依托农家书屋阵地,举办读书征文、演讲、辅导讲座、科技培训,开展"读书示范户""文明读书户"以及举办科普大集、科技大篷车等活动,使书屋资源得到充分利用。

另外,我们还应该充分发挥县级图书馆和乡镇文化站的作用。以县级公共图书馆为中心,以乡镇综合文化站图书室为依托,以农家书屋为基层点的公共图书借阅"一卡通"服务。坚持统一办卡、统一管理、统一服务、馆室结合、资源共享的原则,实现"一处办证,多处借书,一处借书,多处还书",为广大群众提供就近、便捷的公共图书借阅服务。目前,全国很多省份在进行"一卡通"服务试点,通过"一卡通"服务极大地提高了书屋的使用效率。重庆沙坪坝农家书屋管理在探索使用一种"图书银行"模式。"图书银行"模式是各书屋的书籍由区县图书馆统一编码、上架,并计入区县图书馆的藏书量,所有权归图书馆,使用、保管权归社区、行政村。由图书馆定期按照经区文化广电新闻出版局、图书馆、街镇、社区(村)议定的《图书轮换计划》组织各书屋之间图书流通,不断交换更新,从而使全区书屋实现文化资源共享。

3.加强宣传引导,提高知晓度和使用率

要让农民真正走进农家书屋读书,首先要解决两件事。一是要提高知晓度,人人都知道农家书屋。二是要培养农民阅读兴趣,从而让农家书屋发挥效用。提高农家书屋在农民群众中的知晓度,就需要加强多种形式宣传,不断扩大农家书屋的社会影响,让全社会更多的人了解农家书屋;要培养农民的阅读兴趣,就需要开展各种活动,充分调动他们的积极性、主动性。

（1）提高农家书屋的知晓度

为了提升农家书屋知晓度，从村委会到县、市和省一级都应该想方设法加强宣传，各级媒体要配合有关部门，加大农家书屋宣传力度，在全省范围内扩大工程影响力。农家书屋也是一个产品，要打响品牌就需要做广告、做宣传。尤其是基层第一线的村委会街道社区，应当利用自身的群众基础，通过印发传单、发放告知信、悬挂条幅等方式让所在村、社区的居民知道自己身边有这样一个公共文化设施。宣传工作要从实际出发，首先进行知晓度调查，根据反馈情况确定宣传形式、范围和内容。例如：村委会在书屋兴办之初可通过悬挂条幅、发放传单、广播的形式告知居民农家书屋的性质、功能、开放时间等。随着阅读人数的增加，则可以把较为积极的读者发展为联络员和宣传员，让他们成为二次传播的中心，辐射自己的周边人群，起到示范、带动的作用。

（2）开展各种活动培养读者阅读习惯，激发阅读兴趣

广大农村群体整体上文化水平较低，长期缺乏阅读习惯，造成我国农民长期不读书，不买书，很多农民以看电视、打牌为最主要的娱乐文化生活形式。俗话说"习惯成自然"，这种自然而然形成的缺陷在很大程度上影响着农家书屋使用率。阅读习惯的缺乏是由文化水平低、硬件设施条件差等各方面综合因素造成的，要想培养他们养成喜爱阅读的习惯绝不是一件简单的事。这就需要通过各种形式的活动来积极引导大家先参与进来，后慢慢喜欢上阅读，最后成为农家书屋建设的主体。因此，阅读习惯的培养是影响农村文化建设进程的一个重要因素，当农民阅读习惯养成，才可能真正使用农家书屋并从中获益，因此农家书屋的持续发展要致力于培养农民的阅读习惯，激发他们的阅读兴趣，调动他们阅读的积极性，才能使农家书屋保持生机和活力，更大程度地吸引农民来书屋，认识到读书的重要性。这就要求我们不能把农家书屋的功能局限在一个群众图书馆的层次上，要把它办成农村文化活动中心，依托农家书屋组织开展多种多样的文化服务活动。

一直以来农村也开展过各种文化活动，如送书下乡、送文化大篷

车、万卷书社等,但由于种种原因,很多地方都办成了形式活动,效果不是很明显。现有文化资源未得到有效利用,县级图书馆、乡镇文化站的作用基本没有得到充分发挥。有很多省开展了"我的书屋,我的家"——农家书屋阅读电视讲演大赛活动,通过这类活动培养农民的阅读兴趣,吸引他们来书屋阅读、交流,激发他们的兴趣。但是,这类自上而下的规模较大的活动往往容易由于追求成绩而流于形式或者脱离群众。因此,农家书屋在组织开展活动方面应该更注重利用基层现有资源把各种形式容纳进来,以农家书屋为平台,与各个文化单位沟通协作,利用相关的文化设施及人员力量,配合相关文化部门的活动规划,共同开展一些相关文化活动,丰富农民的文化生活,扩大农家书屋的影响。例如,村委会联合学校组织学生开展"我最喜爱的一本书"故事朗读比赛,激发学生到农家书屋看书。邀请当地技术员做相关科技知识的专题讲座,激发农民阅读农业科技图书的兴趣。

总之,通过这些活动,丰富农民的精神文化生活,营造良好的文化氛围,让农民认可农家书屋,关注农家书屋并愿意到农家书屋来,从而调动农民阅读学习的积极性,使农家书屋办成农村文化娱乐的中心。

4. 保障文献资源的数量和质量,确保及时更新

农家书屋的长久持续发展必须依赖于群众的支持,这对于书屋的书刊提出了很高的要求。出版单位在配送图书之前应在不同的村庄开展群众需求的调查活动,充分把握村民的需求,编制配送适合农民生活、农业生产的图书。考虑到农民群众文化水平比较低的实际,在编制有关"三农"方面的书籍时应尽量采用浅显易懂的语言,以充分调动村民的阅读热情,让农民从中得到切实的帮助,从而喜欢上读书,喜欢上书屋,积极加入书屋的建设中来。相对于图书,期刊报纸的及时性、多样性和易懂性更能引起村民的阅读兴趣,所以既要增加报刊的种类又要及时更新,保证书屋的开放时间,使村民能够及时读到最新的报纸杂志。此外,对于日渐增多的音像制品,也应该有相当的数量,这样村民更容易接受相关农业科技知识。

农家书屋的服务对象主要是广大农民,但对于农村的中小学教育

同样重要,特别面对农村越来越多的留守儿童,增加他们的读书机会,提升农村孩子的文化水平,引导他们树立正确的人生观价值观,也是农家书屋应当承担的责任。因此,农家书屋中适合儿童和中小学生的书籍、报刊、CD 也应当占一定的比例。每个书屋的文献资源因受到多方面因素的制约会略显不足,但各有特色,所以邻近村庄的书屋可以定期开展交流合作活动,图书互借既实现了图书的流动更新又整合了资源,弥补各自书屋的不足。县图书馆也应支持、帮助农家书屋的发展,可以将本馆不上架或者多余的图书予以捐赠。

5. 提高管理员的素质,改善书屋服务

书屋管理员的素质对于农家书屋的持续发展至关重要,对于由兼职或临时人员担任管理员的书屋,应加强对管理人员的培训,还可以向市、县图书馆寻求帮助,培训内容可以参照新闻出版总署组织编撰的管理员培训教材,使管理员掌握基本的图书分类、上架、登记、维护等方面的知识;有条件的地区,管理员还应掌握基本的光盘放映和计算机技术等。对于经济条件比较好的村庄,应尽可能地聘任专职的书屋管理员,提高书屋管理员的素质和责任心。

此外,可以将青年志愿者引入新农村的文化建设中来,由他们帮助管理书屋,可以为书屋带去更多创新的理念,使书屋更具有活力。多数书屋之所以显得冷清,是由于书屋的服务过于单一,而且比较被动。要搞活书屋就要丰富书屋的内容,改善书屋的服务,可开展各种各样的读书活动,激发群众的阅读热情。比如定期放映关于农业科技或农民生活的音像制品,以视频的方式扩大书屋的影响力;邀请农业科技方面的专家开展讲座,将书中晦涩难懂的科技知识转换成农民群众可以听得懂的语言,帮助解决农业生产中遇到的实际问题。除此之外,管理员还应改变服务理念,变被动为主动,主动了解不同村民的需求,向他们推荐有关养殖、农作物生产或经营管理等各方面的图书资料,引导他们从书中寻得帮助。同时还可以积极宣传有关法律和交通方面的图书报刊,促进法律常识和交通知识的普及,真正发挥书屋利民惠民、丰富农村文化生活的作用。

6. 加强书屋自身的"造血"功能

农家书屋是国家耗巨资兴建的一项利民工程,在推进新农村建设方面发挥着极其重要的作用,所以必须走可持续发展之路。而目前书屋的管理制度不健全是造成农家书屋不能充分发挥其作用的原因之一,为此应当建立健全管理制度,创新管理模式。农家书屋可借鉴县图书馆的管理制度,制定一些适合自身的规章制度。如对图书进行统一编目,办理借书卡,制定《农家书屋读者文明公约》等书屋管理制度,从而为书屋发展营造一个良好的软环境。农家书屋要实现长效的发展,就要有新的资源不断注入。图书的不断更新不能单单依靠出版单位的援助,而应在坚持政府主导、支持书屋公益性的前提下,通过租书、代售书等活动筹集资金。同时可以通过扩大书屋影响力,从企业、社会各界人士获得帮助,从而主动订购自身需要的图书报刊,充实书屋的文献资源,改善书屋设备。管理人员要创新管理理念,为书屋发展注入新的元素,扩展书屋的服务对象与发挥作用的平台,将书屋的发展与当地的学校教育和其他方面的文化建设融为一体,相互协调、相互促进,共同改善农村的文化市场,使农家书屋的发展不再是单行道。

7. 规范管理制度,拓展服务功能

管理落后是农家书屋不能发挥其作用的原因之一,为此应当规范农家书屋的管理,创造一个使农家书屋有效运作的软环境。一是要建立健全规章制度并认真执行,用制度来统一规范农家书屋管理工作。二是要对管理人员进行图书馆业务培训,如图书编目、检索、借阅管理等业务知识,使他们对图书馆管理的基本知识和基本技能有相应的了解,提高工作人员的业务素质和专业技能。三是要增强管理人员的服务意识,固定书屋的开放时间,提高服务水平。调查中,我们对书屋具体开放时间进行统计发现,近一半的村民乐于晚上去书屋读书。白天农民要干活,晚上可去书屋读书,这对于解决农民晚上生活单调有重大意义。四是要提倡优质服务,要自觉接受农民的监督,努力营造良好的阅读环境。在管理人员选配问题上,有条件的地方可以选用驻村干部或"大学生村官"为农家书屋主要负责者或直接担任书屋管理员，并采取相关激励措施，让管理人员想管、愿管、管好。

8.建立社会捐助平台

鼓励社会捐助是农家书屋工程建设的重要原则之一。农家书屋工程作为一项造福广大农民的公益性事业，需要得到社会各界的广泛关注与支持。建立社会捐助平台，使社会力量在政府的引导下参与农家书屋工程建设，拓宽农家书屋工程的发展渠道。可以借鉴国内农家书屋成功的先例，如让企业单位增订报刊送到农村；要求企事业单位每年要捐赠农家书屋图书300至500册；政府举办公益活动，把农家书屋的购书经费作为专项推出，为农家书屋筹措购书款等。社会捐助将为农家书屋的可持续发展提供强有力的资源保障。

第三节　我国农家书屋发展的未来展望

弗朗西斯·培根曾经说过："知识就是力量。"高尔基也曾说过："书籍是人类进步的阶梯。"知识不仅能够改变个体的命运，而且能够改变社会发展滞后的面貌。我国的农家书屋工程正是一项提高农民文化素质、缩小城乡文化差距、推进社会主义新农村建设的惠民工程。

经过多年的建设，在党中央、国务院的正确领导下，在各相关部门的大力支持下，农家书屋这项"德政工程、民心工程"取得了快速发展。到2012年年底，"农家书屋全覆盖"的目标已基本实现，中国几亿农民将拥有一个享受均等公共文化服务权利的载体，农家书屋工程中"建"的目标已经顺利实现。

在感慨从一个概念到64万个行政村基本实现村村有书屋之余，我们不得不说农家书屋工程要做的工作还有很多。从大的方面讲，农家书屋还不能彻底改变中国二元经济结构，不能改变目前农村落后的现状，更不可能完全改变农民阅读率低及知识水平普遍较低的事实。从小的方面说，"农家书屋全覆盖"不是目标，长久以来，中国"三农"

问题的重任昭示着农家书屋工程还将被赋予更为艰巨的历史使命。因此,农家书屋工程首先要有生命力,要能健康可持续发展。

一、未来我国农家书屋发展亟待解决的问题

1. 有关"建"的问题

到 2012 年年底,农家书屋有关"建"的问题将基本完成。农家书屋建完后,出版物更新及奖励资金问题将浮出水面。不少基层工作人员反映,目前农家书屋工程建设是一次性配备出版物,在一段时间内能够满足农民群众的阅读需求,但时间一长,书读完了,书屋的吸引力也便随之减小。只有定期补充出版物,使农家书屋常有新书籍、常有新书看,才能保证书屋的生命力。在 2011 年中,如辽宁省、江苏省便对出版物更新问题进行了有益的尝试。辽宁省新闻出版局提出每年为每个农家书屋补充更新 20% 藏书;江苏省则专门下发通知,对书屋采购内容、采购程序等提出刚性要求,要求中央财政下达的奖励资金全部用于出版物更新,不得用于农家书屋管理人员的工资和福利性支出。

2. 有关"管"的问题

实践证明,农家书屋能否正常运转,农家书屋管理员起着至关重要的作用。新闻出版总署及各地新闻出版部门纷纷加强了对管理人员的选配及培训工作力度。如新闻出版总署农家书屋办公室专门举办了农家书屋建设指导工作专题培训班。通过培训,各地农家书屋建设者进一步加深了对农家书屋工程建设的重要性和紧迫性的认识,进一步提高了农家书屋建设、管理、使用的水平,对于完成书屋建设任务,促进农家书屋长效发展具有重要意义。

3. 有关"用"的问题

开展活泼的、带动农民阅读的活动,对于打造农家书屋的长效机制而言有重要的作用。实践中,通过多年的摸索,各地都想出了许多好点子,开展了很多有意义的活动。其中,很多活动已经成为当地农家书屋工程中的品牌,如吉林省的专家读书辅导团讲座活动、陕西省

"文化助残"活动、辽宁省"爱祖国·赞家乡"农家书屋读书征文活动和首批农家书屋"读书示范户"评比活动、四川省"农民读书节"系列活动等。

农家书屋工程是为广大农民群众办实事、办好事的民心工程。新形势下,要采取灵活多样的方式,开展丰富多彩的活动,真正落实"建设好、管理好、使用好",让农家书屋切实发挥作用,让农民群众得到真正的实惠。农家书屋工程是一项建设周期长、覆盖范围广的公益性工程,相信在各级党委、政府的高度重视下,在全社会的大力支持下,农家书屋必将成为引领农民致富的"导航仪",成为奏响文明乐章的"集结号"。

二、未来我国农家书屋健康发展要有以下几点共识

1. 农家书屋要可持续发展,需深入贯彻落实科学发展观

科学发展观是当前一切工作的指导原则。科学发展观的第一要务是发展,建设农家书屋就是促进我国农村文化事业发展的重要举措;科学发展观的核心是以人为本,实施农家书屋工程就是关注民生、体现民意、服务农民、促进农民全面发展的一件实事;科学发展观的基本要求是全面、协调、可持续发展,农家书屋工程的推进也应全面规划,要注意与农村的各项建设相协调,做到长期存在、可持续发展;科学发展观的根本方法是统筹兼顾,农家书屋的建设在布局、规划、书报音像电子产品配备、资金使用等各个方面都要做到统筹兼顾。科学发展观是农家书屋工程建设的理论依据,实施农家书屋工程,正是深入贯彻落实科学发展观的具体体现。

2. 农家书屋的建设是推动社会主义文化大发展大繁荣的现实需要

党的十七届六中全会通过的《关于深化文化体制改革推动社会主义文化大发展大繁荣若干重大问题的决定》中提出,"坚持政府主导,加强文化基础设施建设,完善公共文化服务网络,让群众广泛享有免费或优惠的基本文化服务",进一步明确了政府提供公共文化服务的

责任。民众的基本文化权益,特别是广大农民的文化权益得到有效的保障,国民文化素质才能得到整体提升,才有实现中国文化的大发展和大繁荣的可能。所以说,公共文化服务是文化大发展的根基。

农村文化建设是社会主义文化大发展大繁荣的重要内容,没有农村文化的大发展大繁荣,就谈不上社会主义文化的大发展大繁荣。当前,城乡文化发展水平还存在较大差距,农村文化基础设施落后,文化产品和文化服务供给不足,农民业余文化生活还很贫乏。在这种情况下,农家书屋建设面临着充分发挥自身作用的迫切要求。各地政府部门要借助农家书屋贴近基层、贴近农民这个优势,进一步继承和发扬中华优秀传统文化,传播社会主义先进文化。要通过农家书屋,为更多的农民群众提供优秀的文化产品,使农民的基本文化权益得到更好的保障。

3. 建设社会主义文化强国的奋斗目标,为加快农家书屋建设提出了新的要求

党的十七届六中全会确立了建设社会主义文化强国的宏伟目标,这对农家书屋工程提出了新的更高要求,各级部门必须按照十七届六中全会的部署,进一步认识加快建设农家书屋工程的重要意义,坚定不移地把"推动建设"作为农家书屋工作的重中之重。建设社会主义文化强国,农村是关键,是重点,也是难点。农家书屋工程作为我国进行社会主义公共文化服务体系建设的五项重大文化工程之一,在构建农村公共文化服务体系方面具有独特的作用,在新的历史时期也承担了更重要的任务,有了更明确的方向和更长远的目标。各级政府部门要按照中央关于统筹规划、加大投入、因地制宜、分步实施的要求,加快工程实施步伐,2020 年之前,在广大的农村地区建立起较完善的农村公共阅读服务体系,使广大农民群众能够享受到的公共文化服务接近或达到城市水平。

一个国家的国民阅读水平标志着一个国家社会发展的文明程度。我国是农业大国,农民占了人口的大多数。农村地区良好文化环境的形成,广大农民群众良好阅读习惯的养成和整体文化素质的提高,对于中国文化大发展大繁荣将起着至关重要的作用。

参考文献

[1] 全国农家书屋工程协调小组办公室.农家书屋管理员实用手册[M].北京:人民出版社,2011.

[2] 于群,李国新.公共图书馆业务培训指导纲要[M].北京:北京师范大学出版社,2012.

[3] 潘寅生.图书馆管理工作[M].北京:北京图书馆出版社,2001.

[4] 高聪.农家书屋与图书馆[J].贵图学刊,2010(2).

[5] 邹晓蕾.图书馆与农家书屋建设[J].产业与科技论坛,2011(12).

[6] 杨玉蓉.发挥公共图书馆优势　推进农家书屋建设[J].图书馆论坛,2010(2).

[7] 张敏.农家书屋建设中存在的突出问题与对策[J].图书馆理论与实践,2011(2).